崇德之道

The Principles of Upholding Virtues

任松峰 编著

山東文藝出版社

图书在版编目（CIP）数据

崇德之道 / 任松峰编著. -- 济南 : 山东文艺出版社, 2025. 5. --（中华传统美德格言集萃丛书）.
ISBN 978-7-5329-7328-6

Ⅰ. D648-49

中国国家版本馆 CIP 数据核字第 2025DC8521 号

崇德之道

CHONGDE ZHIDAO

任松峰 编著

主管单位 山东出版传媒股份有限公司
出版发行 山东文艺出版社
社　　址 山东省济南市英雄山路 189 号
邮　　编 250002
网　　址 www.sdwypress.com

读者服务 0531-82098776（总编室）
0531-82098775（市场营销部）
电子邮箱 sdwy@sdpress.com.cn

印　　刷 山东新华印务有限公司
开　　本 880 毫米 ×1230 毫米　1/32
印　　张 6.5
字　　数 110 千
版　　次 2025 年 5 月第 1 版
印　　次 2025 年 5 月第 1 次印刷
书　　号 ISBN 978-7-5329-7328-6
定　　价 47.00 元

前言

中华文明源远流长、博大精深，孕育了中华民族宝贵的精神品格，培育了中国人民崇高的价值追求。中华传统美德是中华文化的精髓所在，积淀着中华民族最深层的精神追求，蕴含着中华民族最根本的文化基因，是中华民族生生不息、绵延不绝的道德支撑，也是担负新时代的文化使命、推进文化强国建设的动力之源。

党的十八大以来，习近平总书记高度重视中华传统美德的传承与弘扬，深刻指出中华传统美德是中华文化精髓，蕴含着丰富的思想道德资源，强调要实施公民道德建设工程，弘扬中华传统美德，引导人们向往和追求讲道德、尊道德、守道德的生活。特别是 2013 年 11 月，习近平总书记在曲阜考察时强调，要加强对中华优秀传统文化的挖掘和阐发，努力实现中华传统美德的创造性转化、创新性发展。习近平总书记一系列重要论述和指示批示要求，为新时代新征程赓续中华文脉、传承弘扬中华传统美德指明了前进方向，提供了重要遵循。

山东是中华文明的重要发祥地和儒家思想的发源地，有着丰厚的历史底蕴和宝贵的文化资源，“孟母三迁”“孔融让梨”等许多耳熟能详的美德故事都发生在这里。近年来，山东人民牢记习近平总书记嘱托，充分发挥“人文沃土可以深度耕作”的比较优势，把中华传统美德作为涵育社会主义核心价值观的重要源泉，在传承中创新，在创新中发展，推动全省公民道德素质和社会文明程度达到了一个新高度。

为深入学习贯彻习近平文化思想，贯彻落实习近平总书记对山东工作的重要指示要求，大力弘扬中华传统美德，更好发挥中华传统美德在培养时代新人、涵育时代新风中的重要作用，在山东省委宣传部的指导下，曲阜师范大学组织编撰了“中华传统美德格言集萃丛书”，共分《崇德之道》《做人之道》《做事之道》《待人之道》《持家之道》《爱国之道》《和合之道》七册。格言短小精悍、言简意赅、便于传诵，是讲述、传承、弘扬中华传统美德最通俗、最有效的方式。“天下兴亡，匹夫有责”的爱国之情、“民惟邦本，本固邦宁”的民本精神、“弟子入则孝，出则悌”的孝悌伦理、“言必信，行必果”的诚信之道等思想观念都凝结在中华传统美德格言之中。《中华传统美德格言集萃丛书》萃取朗朗上口、耳熟能详、简练而又寓意深刻的格言编纂而成，在编选原则上，以“崇德”为统领，将中华传统美德分为“做人、做事、待人、持家、爱国、和合”六个递进主题，每个主题下细分三至五个子目。

为便于读者阅读和理解，本书以《中华经典名著全本全注全译丛书》（中华书局 2011—2023 年版）、《十三经注疏》（中华书局 1980 年版）、《二十四史全译》（汉语大词典出版社 2004 年版）等广受认可的经典名著为依据，对格言中艰涩难懂的字词加以注释，结合典故和案例对全句进行生动解读并引入拓展阅读，既提高了书籍的可读性，又有助于读者更深入地理解格言的内涵和精神、更好地培养良好的道德品质和行为习惯。

千帆一道带风轻，奋楫逐浪天地宽。编写这套普及读物，只是传承弘扬中华优秀传统文化的一种努力。新时代新征程，我们将始终保持礼敬传统、赓续文脉的炽热情怀，踔厉奋发，笃行不怠，努力为文化传承发展事业做出新的更大贡献！

编　者

2025 年 3 月

目录

二 美德与生活

三　美德与健康

一 美德与国运

德惟❶善政，政在养❷民。

出处

《尚书·大禹谟》

注释

❶ 惟：语气词，表判断。

❷ 养：教养。

译文

君主的德行在于善治政事，政事在于教养民众。

解读

《尚书·大禹谟》中说："帝念哉！德惟善政，政在养民。水、火、金、木、土、谷，惟修；正德、利用、厚生、惟和，九功惟叙，九叙惟歌。戒之用休，董之用威，劝之以九歌，俾勿坏。"当大禹、伯益和舜帝三人在谋划政事时，大禹对舜帝进行了劝告。在大禹看来，德教在于治理政事，治理政事在于教养百姓，水、火、金、木、土、谷"六府"之事一定要经营好；同时，使人们的德行端正，使物尽其用，使人们的生活富足，这三件事还要配合实行。要理顺"六府三事"的次序，不要乱了章法，处置妥当了，老百姓就会歌颂君王的德政。要用美好的政德来劝诫百姓，用威严的刑罚来督察人们，用九歌来劝勉人们，使德政不致被败坏。

"德惟善政"，强调的是为政者应当具有良好的德行，并通过德行来推行善政，这样才能确保政策的公正性与利民性。"政在养民"，强调的是为政者的为政重点应放在教养百姓上面，这体现的正是以民为本的治国理念。当然，"养民"包含多方面的内容。比如，保证老百姓的基本物质生活，使其衣食无忧；为老百姓提供受教育的机会，提升人们的人文素质；维护好社会秩序，保障人民的生命财产安全等。

历史上，有许多贤明的君主多会施行轻徭薄赋的"养民"政策，减轻百姓负担，实现富民、裕民之目标。唐太宗李世民大力推行均田制，意在让老百姓

能拥有更多的土地，以此来保障老百姓的基本生活和农业生产的稳定发展。同时，李世民还采取减轻税负之措施，鼓励手工业和商业的发展，繁荣社会经济。李世民的这些“善政”举措，不仅使老百姓生活富足起来，而且人口有了增长，社会也更加稳定，夯实了“贞观之治”之基础。

“德惟善政，政在养民”启示我们，在新时代新征程上必须大力传承和弘扬中国传统重民富民思想，坚持以人民为中心的执政理念，始终把人民对美好生活的向往作为我们的奋斗目标，在加快推进以改善民生为重点的社会建设中，进一步完善教育、医疗、住房、养老和社会保障体系等，践行好养民惠民之目标，踏踏实实为民办实事，勤勤恳恳为民谋福利。

拓展阅读

为政者品德高尚是实行善政之基础，善政实施之核心在爱民养民。在中国传统文化中，民本思想源远流长，《尚书》中“德惟善政，政在养民”“民惟邦本，本固邦宁”之记载，堪称中国传统民本思想之源头；同时，中国传统民本思想内蕴丰富，包含了重民爱民、富民利民、教民化民等诸多内容。中国传统民本思想是中国古代政治文化之瑰宝，对中国历史发展之影响至深至远，对今天的社会建设也有重要的启示意义与借鉴价值。

皇天无亲❶，惟德是辅❷。

出处

《尚书·蔡仲之命》

注释

❶ 亲：亲近。

❷ 辅：帮助。

译文

上天无亲无疏，只辅助有德行的人。

解读 《尚书·蔡仲之命》中说："皇天无亲，惟德是辅；民心无常，惟惠之怀。为善不同，同归于治；为恶不同，同归于乱。"周武王逝世时，周成王年纪尚小，朝廷大小事情均由周公处理。此时，周公的弟弟——管叔和蔡叔不服气，就在国都散布流言，诽谤周公，勾结殷商遗民造反。周公受成王之命东征，杀了管叔，囚蔡叔于郭邻，至死不得赦。蔡叔死后，成王命蔡叔之子蔡仲担任蔡国的国君，并用策书勉励蔡仲一定要思忠思孝，勤劳不怠，同时也给后世子孙做个榜样。成王告诫蔡仲，上天只辅助有德行的人，老百姓也只怀念那些有德行与仁爱之心的君主，希望蔡仲要遵循祖父文王训诲，施行德政，做一个百姓拥戴的好君主，而不要像蔡叔那样，违背天命，受到上天惩罚。

"皇天无亲，惟德是辅"，意在强调德行之重要。唐代医圣孙思邈在《福寿论》中也曾言："福者，造善之积也；祸者，造不善之积也。"对我们每个人来说，无德必会无福，必须注重自身品德修养。

春秋时期各诸侯国争霸不休，晋国在文公重耳在位时期迅速崛起。重耳曾在外流亡多年，饱受磨难，但他始终保持着良好的品德，胸怀大志，礼贤下士，广纳贤才。重耳回到晋国后，施行仁政，推进改革，国力大增。经城濮一战，大败楚军，遂成春秋一霸。当时之人均认为，晋国的崛起是因为重耳品德高尚，得到了上天的眷顾，这正是“惟德是辅”的现实呈现。还有，汉初文景二帝崇尚黄老之学，实行轻徭薄赋、与民休息的政策。他们以身作则，生活节俭，注重品德修养，关心百姓疾苦。在文帝和景帝的励精图治之下，国家经济开始走向繁荣，社会也渐趋稳定。

“皇天无亲，惟德是辅”启示我们，一个人要成功，想成就一番事业，必须注重自我道德修养，培养个人的良好品德。无论是在人际交往中，还是在工作职场上，只有具有良好品德且肯努力奋斗之人，才更容易获得他人的支持和帮助，也就更容易取得成功。

拓展阅读

《蔡仲之命》是周成王在蔡仲被分封到蔡国时写的一篇告诫之辞。一方面，它反映了周朝重视德治的政治思想；另一方面，它又体现了周成王的一种统治策略，即对那些曾经参与叛乱的家族后人，通过观察其品德和行为，给予重新册封的机会，这有助于稳定历经叛乱之后的政局。此外，周成王强调德行之重要，这其实也是对分封诸侯们的一份约束，要求他们坚持以德行来治理国家，这是有利于维护周王朝统治秩序的，并对后世国家治理产生了深远影响。

有德不可敌[1]。

出处

《左传·僖公二十八年》

注释

[1] 敌：战胜。

译文

有德之人，不可与之为敌。

解读 《左传·僖公二十八年》中说："《军志》曰：'允当则归。'又曰：'知难而退。'又曰：'有德不可敌。'此三志者，晋之谓矣。"在这里，《左传》引用了古代兵书《军志》中的话，强调交战中要做到"适可而止""知难而退"，切不可与"有德之人"为敌。

为什么不可与"有德之人"为敌呢？德是一种道德操守，有德之人内心充盈且强大；德是一种社会政治的内在支撑，也是一种无形的政治力量，在激烈的社会对抗中，往往发挥着关键性的作用。孔子主张为政以德，认为统治者施行德政，施民以惠，自然就能得到老百姓的拥护与支持。孟子也认为，在双方交战中，"得道"的一方会顺应天命、合乎民心，在战争中更有可能取得胜利，得出了"得道者多助，失道者寡助"的结论。所以说，有德者无论从个人角度说，还是从社会政治角度看，都是"不可敌"的。

三国时期，诸葛亮在平定南中地区的叛乱时，对孟获是"七擒七纵"。在诸葛亮看来，"擒"孟获不是目的，不能单纯依靠武力来征服，而根本在于以德服人。诸葛亮在七擒七纵中展现出的是仁政、宽容与智慧，让孟获心悦诚服，最终使南中地区得以安定。这也说明，具备良好道德品行的人，在处理矛盾与冲突时，注重发挥道德的巨大力量，这样会超越单纯武力对抗所带来的效果。

对一个国家的发展来说，道德是一种重要的“黏合剂”，也是能够把无数个体凝聚在一起的精神纽带。在一个讲道德的国家里，老百姓都遵循一定的道德准则，整个社会也必将充满向心力。道德还是实现社会和谐的“润滑剂”。在一个讲道德的社会中，每个人都自觉依据道德准则行事，人们之间的冲突自然会减少，社会也会变得更加和谐。对外交往中，一个注重明大德、守公德、严私德的国家，有助于彰显“亲仁善邻”的大国风范。

“有德不可敌”对我们个人的启示，就是要重视个人的品德修养。一个品德高尚的人，犹如一座灯塔，散发出明亮而稳定的光芒；当个人面对挫折时，良好的道德品质能为我们战胜困难提供强大精神支撑，不会轻言放弃。

拓展阅读

关于“德”的重要性，习近平总书记多有论述，提出“国无德不兴，人无德不立”。同时，围绕如何修德问题，在《之江新语》的《多读书，修政德》一文中，他就提出：“‘读书即是立德’……传统文化中，读书、修身、立德，不仅是立身之本，更是从政之基。按照今天的说法，就是要不断加强党员领导干部的思想道德修养和党性修养，常修为政之德、常思贪欲之害、常怀律己之心，自觉做到为政以德、为政以廉、为政以民。”在习近平总书记看来，要修德，必须勤于读书，勤于修身。

令①名，德之舆②也；德，国家之基也。

出处

《左传·襄公二十四年》

注释

① 令：美好。

② 舆：车。

译文

美好的名声是承载道德的车子，道德是国家的根基。

解读

“令名，德之舆也”，主要阐释了好名声与道德的关系，认为好的名声能够承载道德并将其传播开来。儒家思想认为，一个人的社会声誉是其品德修养的外在体现，也是社会对个人的一种评价。一个拥有良好声誉的人，更容易得到社会的认可和尊重。汉代实行“举孝廉”的制度，其中“孝”和“廉”就是对个人品德和声誉的一种考量。一个在家庭中孝顺父母、在社会上廉洁奉公的人，才有机会被举荐为官。南宋末年的文天祥，在兵败被俘后，宁死不屈，展现出坚贞的民族气节和高尚的道德品质。他的“人生自古谁无死？留取丹心照汗青”更是体现了他的忠诚和大义。文天祥的事迹和名声传遍天下，激励着无数后人。他的好名声如同承载道德的车子，将他的爱国精神、忠诚气节传播开来，影响后世。

“德，国家之基也。”道德是国家的根基，国家的建立、稳定和繁荣都离不开道德的支撑。北宋苏辙在《新论》中曾言：“欲筑室者，先治其基，基完以平，而后加石木焉，故其为室也坚。”想要建造房屋，应当先打好地基。地基夯实平整了，再在上面砌墙架梁，这样建成的房屋才会坚固耐用。如果把国家比作一座大厦，道德就是这座大厦的基石，基石稳固了，大厦才能屹立不倒。同时，一个国家的为政者，如果具备良好的德行，那么这个国家就会拥有和谐的社会秩序、良好的政治风气和积极向上的社会氛围，从而实现长治久安。历史上，周公旦制礼作乐，通过建立一整套礼仪规范来维护社会秩序，其中包含着尊尊、亲亲等丰富的道德观念。这种以道德为基础的治理方式，能有效地消弭社会的矛盾与冲突，从而使周朝得以延续数百年之久。

“令名，德之舆也；德，国家之基也”启示我们，无论从个人发展的角度看，还是从国家长治久安的角度说，都必须高度重视道德修养和道德建设。在长期的历史发展过程中，中华传统美德为中华民族生生不息、发展壮大提供了坚实的精神支撑和强大的道德力量。今天，中华民族一代接着一代不断追求美好崇高的道德境界，我们的民族就永远充满希望。反之，如果我们不重视道德建设，盲目推崇西方道德价值观，那么民族精神支柱就会崩塌。

拓展阅读

西汉刘向的《说苑·杂言》中说：“夫君子爱口，孔雀爱羽，虎豹爱爪，此皆所以治身法也。”意思是说，君子关注的是自己的言论是否得当，孔雀关心的是自己的羽毛是否美丽，虎豹在意的是自己的爪子是否锐利，这都是他们加强自我修炼的方法。在这里，刘向用了类比的手法，以鸟儿爱惜自己的羽毛来说明一个人必须爱惜自己的好名声。其实，“爱惜羽毛”的成语故事与格言“令名，德之舆也”有异曲同工之妙，都强调要珍惜自己的好名声。

有德则乐[1]，乐则能久[2]。

出处

《左传·襄公二十四年》

注释

❶ 乐：快乐。

❷ 久：长久。

译文

（国君）实行德治百姓就快乐，百姓快乐，（国家）就能长治久安。

解读 《左传·襄公二十四年》中说："有德则乐，乐则能久。《诗》云：'乐只君子，邦家之基。'有令德也夫！"格言中主要强调的是"有德"与"快乐"、"快乐"与"长久"的内在逻辑关系。

为什么"有德则乐"呢？从个人层面上讲，一个道德高尚的人，往往内心平静且充满愉悦，自然会心安理得。在帮助他人的过程中，收获自我内心的满足感，这种持久的满足感就是一种愉悦的情绪，也就是"乐"。雷锋的事迹家喻户晓，他在日常生活和工作中，总会主动帮助别人。无论是帮助战友缝补衣服、辅导文化知识，还是在火车上为乘客倒水、扶老携幼，他都乐在其中，这是因为雷锋把为人民服务当作自己最大的快乐。正如他在日记中写道的："人的生命是有限的，可是为人民服务是无限的，我要把有限的生命，投入到无限的为人民服务之中去。"可以说，雷锋这种高尚的品德和积极向上的精神状态，体现的正是品德高尚之人从帮助他人中获得快乐心境的"个人之乐"。

从国家层面上说，"有德则乐"主要在于为政者施行德治，老百姓自然就能安居乐业，整个国家就会处于和谐状态中，从而实现国家的长治久安。唐玄宗统治前期，大力兴修水利工程，积极推广新的农具，农业生产效率大大提高；选贤任能，任用清正廉洁、能力出众的姚崇、宋璟担任宰相，打击贪污腐败行为，使得官场风气清正，处理政务公正高效。这些德治之举使老百姓们能安居乐业，文人墨客自由地创作与表达，整个国家沉浸在积极向上的氛围中，这种“国家之乐”使唐朝成为当时世界上最为强大的国家之一。

“乐则能久”，有德之国必存久远。道德是实现国家长久发展的重要支撑。自古及今，朝代更迭不辍，有时甚至如走马灯一样频繁，究其根源在于为政者无德，为小利而不择手段，乃至伤及百姓，最终导致国家灭亡。中华文明五千余年生生不息、薪火相传、延续至今，很大程度上依恃的正是内蕴丰富、博大精深的中华传统美德的力量。今天，在以中国式现代化推进中华民族伟大复兴的进程中，我们必须进一步加强道德建设，努力夯实中华民族伟大复兴的道德根基。

拓展阅读

对于“有德则乐，乐则能久”这句格言，我们可以从多个维度来理解。从国家的维度看，为政者实行德治仁政，老百姓自然就快乐，社会就会安定，国家也就能长治久安。从家庭的维度看，如果一个家庭的家风醇厚，家庭成员就会和睦融洽，这样的家族就会长久不衰。从个人的维度看，一个有仁德的人，心态是平和淡定的，情绪不会有大的起伏波动，身体自然就会健康，就会长寿；反之，德劣者往往会病多而寿短。

重莫如国，栋[1]莫如德。

出处

《国语·鲁语上》

注释

❶ 栋：房屋的脊檩（lǐn）。

译文

没有什么比国家更重要，没有什么比道德更为关键。

解读 《国语·鲁语上·子叔声伯辞邑》中说："不厚其栋，不能任重。重莫如国，栋莫如德。"在这里，用房子与房梁的关系类比国家之重要地位和道德之关键性作用。

"重莫如国"，国家是一个拥有土地和百姓的实体，保障着国土内人民的安全和基本权利；国家还是社会发展的重要依恃与保障，是文化传承的重要载体。中国古代是一个家国同构的社会，家与国紧密相连。家是最小国，国是千万家，只有国家好了，每个家庭才会更好。所以，在中国人的思想观念中，向来主张的是以国家为重。

从历史上看，有无数的爱国志士，用热血和生命捍卫国家尊严，生动诠释着"重莫如国"的爱国思想。岳飞精忠报国，率领岳家军抗击金兵，一心只为收复失地、保卫南宋的山河，哪怕面对朝廷的猜忌和奸臣的陷害，依然矢志不渝。近代以来，中国遭受西方列强的入侵，国家陷入水深火热之中，林则徐虎门销烟，彰显了坚决抵制外国鸦片输入、捍卫国家利益的决心。还有无数革命先烈，为了赢得民族独立和人民解放，抛头颅，洒热血，前赴后继，不惧牺牲，用生命书写着自己的爱国之情。今天，"重莫如国"的思想已发展成为一种深厚的民族情感纽带，将全体中华儿女紧紧联系在一起。无论我们身在何处，只要听到国歌奏响，看到国旗升起，民族自豪感便会油然而生。

“栋莫如德”，整个国家大厦只有靠坚实的道德栋梁支撑，才能稳固屹立；否则，德之根基不牢，必然会使整个国家大厦摇摇欲坠。周公辅佐成王时，夙夜在公，“一沐三捉发，一饭三吐哺”，礼贤下士，广泛招揽人才。周公的这种为政品德，让他能够凝聚各方的力量，巩固西周的统治。制定的一系列关于政治、礼仪等方面的典章制度，为西周成康盛世的开启奠定了坚实的基础。

“重莫如国，栋莫如德”启示我们，必须重视个人道德的培养。作为时代新人，应树立正确的世界观、人生观、价值观，扣好人生的第一粒扣子；树立崇高的爱国主义思想，将对国家的“清澈的爱”融入生活与学习的日常中，转化为自觉的行动。

拓展阅读

人类最高的道德是什么？那就是爱国，因为爱国是人世间最深层、最持久的情感，是一个人立德之源、立功之本。中华民族的爱国主义精神，有着深厚的历史、文化和情感积淀，已成为流淌在中华儿女血液里的精神基因。当然，爱国不能停留在口号上。2018 年 5 月 2 日，习近平在北京大学师生座谈会上，就告诫青年学生：“要时时想到国家，处处想到人民，做到‘利于国者爱之，害于国者恶之’。爱国，不能停留在口号上，而是要把自己的理想同祖国的前途、把自己的人生同民族的命运紧密联系在一起，扎根人民，奉献国家。”

礼义廉耻，国之四维[1]。四维不张[2]，国乃灭亡。

出处

《管子·牧民》

注释

1. 维：纲纪，准则。
2. 张：展开，推行。

译文

礼、义、廉、耻是维系国家的四项纲纪准则，如果它们不能被推行，那么国家就容易走向灭亡。

解读 《管子·牧民》中说："国有四维，一维绝则倾，二维绝则危，三维绝则覆，四维绝则灭。……何谓四维？一曰礼，二曰义，三曰廉，四曰耻"，"四维不张，国乃灭亡"。在管子看来，礼、义、廉、耻是维系国家的四大支柱，缺一维国家就会倾侧，缺两维就会危殆，缺三维就会颠覆，缺四维就会灭亡。治理国家用此四维，可使君位安定、民无巧诈、行为端正、邪事不生。

"四维说"体现的是中国古代社会对于国家治理和社会秩序维护的系统性思考。礼、义、廉、耻四者相互关联、相互影响，共同构成了一个完整的价值体系。"礼"是外在的行为规范，"义"是内在的道德准则，"廉"是对权力和财富的道德坚守，"耻"是自我监督的心理防线。它们从不同角度规范着人们的行为，引导社会风气朝着积极健康的方向发展。

春秋战国时期，各诸侯国争雄称霸。管仲在齐国大力推行礼仪制度，规范社会等级秩序。经济方面，管仲强调"义"的观念，保障商业活动的公平公正。政治方面，管仲注重加强官员队伍的廉洁建设，严惩贪污腐败行为，教育培养民众的羞耻心。最终使齐国成为春秋"五霸"之一。汉朝建立后，统治者吸取秦朝灭亡的教训，与民休息，宽柔施政，倡导礼、义、廉、耻、忠、孝等观念，在全国范围内推行儒家礼仪，设立太学，以儒家经典为教材，培养了大批具有良好道德观念的人才，为汉朝的长治久安奠定了基础。

从国家层面上说，道德状况如何对一个国家的繁荣发展影响巨大，正所谓“国无德不兴”。如果一个国家的人们都秉持着公正、诚信、友爱等道德观念，那么社会成员之间的关系就会和谐融洽，能够共同为国家发展而贡献自己的力量。尤其是当国家面临重大自然灾害或外部威胁时，道德的凝聚力就会更加凸显。从个人层面上说，道德对个人成长也会发生关键性作用，正所谓“人无德不立”。一个具有良好品德的人，能够在社会中获得他人的尊重和认可。所以，治理国家需要讲道德、崇道德，做人要有品德，从政要讲官德。

拓展阅读

每个时代都有每个时代的精神，每个时代都有每个时代的价值观念。礼、义、廉、耻是古代中国人的核心价值观，也是中国先人立身处世的基本价值遵循。当代中国，我们提出要倡导富强、民主、文明、和谐，倡导自由、平等、公正、法治，倡导爱国、敬业、诚信、友善，积极培育和践行社会主义核心价值观。社会主义核心价值观实际上就是一种德，既是个人的德，也是一种大德，是国家之德、社会之德。这二十四个字、十二个词，分三个层面回答了我们要建设什么样的国家、建设什么样的社会、培育什么样的公民的重大问题。

得道❶者多助，失道者寡助。

出处

《孟子·公孙丑下》

注释

❶ 道：道义，仁义。

译文

站在道义方面，会得到多数人的支持、帮助；违背道义，必陷于孤立。

解读

《孟子·公孙丑下》中说："域民不以封疆之界，固国不以山溪之险，威天下不以兵革之利。得道者多助，失道者寡助。寡助之至，亲戚畔之。多助之至，天下顺之。"在这里，孟子主要强调的是道德正义在国家治理和战争胜负中发挥的关键性作用。

为什么得道者多助呢？对为政者来说，"得道"意味着要施行仁政，关心人民的福祉，制定出符合大多数人利益的政策。这样，为政者才能真正得到老百姓的衷心拥护与支持，因为老百姓能从他所施行的仁政中受益。刘备以兴复汉室为口号，广施仁德，改善民生，轻徭薄赋。在荆州之时，刘备礼贤下士，宽厚地对待百姓。当曹操的大军南下追击刘备时，荆州的老百姓都自愿跟随刘备一起撤离，人数多达十万。这充分显示了，刘备平日的仁德之举真正赢得了百姓的衷心拥护。

失道者为何会寡助呢？"失道"的统治者，在施政过程中因为违背了正义和道德的原则，严重损害老百姓的根本利益。久而久之，这样的统治者必然会失去民心，激起老百姓的反抗。商朝末年，商纣王暴虐无道，宠爱妲己，建造酒池肉林，实行残酷的刑罚，老百姓生活在水深火热之中。与之形成鲜明对比的是，周武王在姜太公等人辅佐下，施行仁政，关心民瘼，得到了众多诸侯和百姓的支持。牧野之战中，周武王因"得道"而一呼百应，商纣王却因"失道"

而致使军队纷纷倒戈。最终，商朝灭亡，周王朝代之而起，所体现的正是“得道者多助，失道者寡助”的道理。

“得道者多助，失道者寡助”不仅是一种历史智慧，也是一种普遍适用的生活哲学。它启示我们在任何情况下，都应该坚持正义，崇尚道德，关注民生，考虑民情，吸纳民意，确保制定出的方针政策能够符合最广大人民群众的根本利益。

拓展阅读

在国际交往中，每个国家都应该秉持公平正义，严格遵守国际法和国际关系基本准则，反对霸权主义和强权政治，积极维护世界和平与稳定。2015年9月3日，习近平在纪念中国人民抗日战争暨世界反法西斯战争胜利70周年招待会上的讲话中指出：“中国人民抗日战争和世界反法西斯战争的胜利成果不容置疑，几千万人为独立、自由、和平付出的牺牲不容否定。一切否认侵略战争性质的言行，一切歪曲甚至美化侵略战争的言行，一切逃避侵略战争历史责任的言行，不论以什么形式出现，不论讲得如何冠冕堂皇，都是自欺欺人的。‘得道者多助，失道者寡助。’否认侵略历史，是对历史的嘲弄，是对人类良知的侮辱，必然失信于世界人民。”

百姓以德附[1]。

出处

西汉·陆贾《新语·道基》

注释

[1] 附：依附。

译文

老百姓因为君主施行德治而依附。

解读 《新语·道基》中说："故虐行则怨积，德布则功兴。百姓以德附，骨肉以仁亲。夫妇以义合，朋友以义信。"意思是说，施行暴虐就会累积怨恨，实行德化就会功成兴旺。施行德治，百姓就会依附；以仁慈理家，儿女就会亲近父母。齐心合力，夫妻就会幸福美满；持义守信，朋友就会情深谊厚。这表明，"德"会使人与人之间关系友好，使家庭生活幸福美满，使国家变得更为兴盛发达。

"百姓以德附"，主要强调的是为政者施行德政就会使民心依附；反之，就会使民心相离。试想，如果为政者拥有良好德行，秉持公正、仁爱、诚信等美德去治理国家，老百姓自然就会心悦诚服地依附于他，自愿地拥戴他，团结在他的周围，由此整个国家也就会呈现出和谐稳定、上下一心的良好局面。相反，如果为政者暴虐无道，施行残暴统治，久而久之就会导致国家灭亡。

周文王向来以仁德而著称，他礼贤下士，求贤若渴，广纳人才，拜姜子牙为太师，展现了他对贤能之士的尊重。这也是为政者有"德"在用人方面的体现。同时，周文王还实行轻徭薄赋的政策，减轻百姓负担，让老百姓能够安居乐业；推行道德教化，通过道德和礼仪引导百姓的行为。可以说，正是因为周文王施行德治，才使周围的部落和百姓纷纷归附，从而为周朝的兴盛奠定了坚实基础。

如何才能形成百姓归附的局面呢？一方面，需要为政者厉行德治。《论语·季氏》中就说：“远人不服，则修文德以来之；既来之，则安之。”统治者通过施行德治，吸引百姓自愿前来归附。另一方面，为政者还要勤于修德，重视加强自身道德修养。正如《新语·道基》中所说“德盛者威广，力盛者骄众。齐桓公尚德以霸，秦二世尚刑而亡”，突出强调了统治者加强道德修养的重要性。

“百姓以德附”启示我们，在治国理政中要注重发挥德治的重要作用。全社会都要大力弘扬崇德向善的中华传统美德，自觉遵守职业道德、社会公德和家庭美德等各种道德规范，这样就会极大地减少社会的矛盾和冲突，实现社会的和谐稳定发展。

拓展阅读

对于道德的重要作用，习近平总书记有诸多重要论述，比如“道德之于个人、之于社会，都具有基础性意义，做人做事第一位的是崇德修身”。为此，必须勤于修德、立德。立德当然要立大德，既要立意高远，笃定报效祖国、服务人民；又要立足平实、脚踏实地，唯有养大德者，才能成大业。此外，还得从做好小事、管好小节开始起步，“善则迁，有过则改”，踏踏实实修好公德、私德，学会劳动、学会勤俭，学会感恩、学会助人，学会谦让、学会宽容，学会自省、学会自律。

治以道德为上，行以仁义为本。

出处

西汉·陆贾《新语·本行》

译文

治理国家以道德为上，处理事情以仁义为根本。

解读 《新语·本行》开篇即言："治以道德为上，行以仁义为本。故尊于位而无德者绌，富于财而无义者刑。贱而好道者尊，贫而有义者荣。"陆贾认为，治理国家要以道德为上，处理事情要以仁义为根本。对于职位高贵但缺乏德行的人要贬黜；对富有财产但不讲道义的人要处罚；对地位低下但注重道德的人，要使其尊贵；对家境贫寒但讲求仁义之人，要给他荣耀。

"治以道德为上"，体现了一种宏大的治国理念，认为道德在维持社会秩序、凝聚民心等方面发挥关键作用。相较于单纯依靠武力或经济手段，道德治理具有更深远、更持久的影响力。道德建设能从内心深处改变人们的行为动机，从而使人们主动地为社会发展进步贡献力量。

"行以仁义为本。"在中国传统文化中，"仁"是一种高尚的道德品质，体现了对他人的关爱、同情和尊重，强调的是一种发自内心的善良。"义"侧重于公正、合理和正当，它要求人们在面对各种选择时，要遵循正义的原则，不做违背道德和良心之事。"行以仁义为本"，强调把"仁"和"义"结合起来，作为个人行为之基本准则。这种结合意味着，个人在行动时既要考虑到对他人的关怀和爱护，又要确保行为的公正和正当，这是一种全面的道德要求。三国时期蜀汉的名将关羽，以"仁义"而著称。关羽在与刘备、张飞桃园结义后，始终坚守对兄弟的情义。曹操曾厚待关羽并希望他能归降，但关羽心念旧主，得到刘备的消息后，毅然离开曹操，过五关斩六将，千里寻兄，体现的是对兄弟的忠诚和对承诺的坚守，是“义”的一种表现。同时，关羽在战场上对待敌人也有仁心，在华容道念及曹操的昔日之恩，义释曹操，展现出一种在“义”基础上的“仁”。

“治以道德为上，行以仁义为本”启示我们，在人际交往中必须坚守仁义和道德的原则。反之，如果忽视道德、仁义，极有可能会出现被唾弃、批判等后果。

拓展阅读

陆贾，西汉初期著名政论家、文学家、外交家、思想家。他学本儒家，曾向刘邦提出“逆取顺守，文武并用”的统治方略，倡导儒学，同时辅以黄老“无为而治”。其受刘邦之命，总结秦朝灭亡的教训。陆贾把儒家仁义与道家无为之教结合在一起，对汉初黄老政治产生一定的影响。陆贾著有《新语》十二篇，主张“行仁义，法先圣”“礼法结合”，同时强调“人主无为”，为西汉前期的统治思想奠立了一个基本模式。

国之所以为国者，德也。

出处

西汉·董仲舒《春秋繁露·保位权》

译文

国家之所以成其为国家，依据的就是德行。

解读 《春秋繁露·保位权》中说："国之所以为国者，德也；君之所以为君者，威也；故德不可共，威不可分。"意思是说，国家之所以成其为国家，根本依据就是德行；国君之所以成为国君，主要依据的是威势。所以，恩德不能君臣共有，威势不能分散。不难看出，董仲舒在此主要强调了道德在国家存在和发展过程中的核心地位。从一定程度上说，国家的建立、延续与繁荣，都离不开道德的支撑。

为何如此说呢？从国家层面上说，当一个国家的人们都坚守着共同的价值理想，秉持着相同的道德理念，就会自然而然地产生一种强烈的文化归属感与认同感。所以，从某种程度上说，道德发挥着"黏合剂"的作用，能够将不同阶层、不同背景的人们紧密地联系在一起。这种"黏合"作用，不仅表现在平时人与人之间的相互关心与帮助上，更表现在当遇到突发的重大灾害与困难时，就会自然地迸发出一种强大的道德力量，促使大家团结一心、共渡难关。

从国际层面上说，一个国家在国际舞台上的形象到底如何，很大程度上取决于这个国家是否能坚守基本的道德原则。一个秉持和平友好、尊重他国主权与领土完整的国家，自然会赢得国际社会的广泛尊重与赞誉。反之，如果一个国家强力推行霸权主义、强权政治，粗暴干涉他国内政，必然会遭到国际社会的一致谴责，也必然会严重损害其国家形象。

中国始终践行人道主义精神，当其他国家遭遇自然灾害或重大危机时，总是及时伸出援手，第一时间向受灾国家提供大量医疗物资、救援设备及食品等。这种高扬人道主义的援助行为，让世界各国看到了中国的善良和责任感，赢得了众多国家的赞誉和认可，大大拓展了中国的国际“朋友圈”。

习近平总书记说：“历史和现实都表明，核心价值观是一个国家的重要稳定器，能否构建具有强大感召力的核心价值观，关系社会和谐稳定，关系国家长治久安。”如果没有共同的核心价值观，一个民族、一个国家就会魂无定所、行无依归。“国之所以为国者，德也”启示我们，在新时代新征程上，必须大力培育和践行社会主义核心价值观，推进社会公德、职业道德、家庭美德、个人品德建设，让社会主义道德的阳光温暖人间，让文明的雨露滋润社会，为奋进新时代、共筑中国梦提供强大精神力量和道德支撑。

拓展阅读

董仲舒，西汉时期著名的思想家、政治家、教育家。他曾提出“天人感应”“三纲五常”等理论，建议汉武帝“罢黜百家，独尊儒术”。《春秋繁露》是董仲舒的代表作，集中体现了他的政治哲学思想，即以儒家思想为中心，杂以阴阳五行学说的思想体系。其中《保位权》是《春秋繁露》中的重要篇章，主要论述了国君应如何巩固自己的地位和权力。

有德①则易以王，无德则易以亡。

出处

西汉·司马迁《史记·刘敬叔孙通列传》

注释

① 德：德行。

译文

有德行就容易兴旺；反之，无德行则容易灭亡。

解读 《史记·刘敬叔孙通列传》中说："以此为天下之中也，诸侯四方纳贡职，道里均矣，有德则易以王，无德则易以亡。"主要强调了道德品质对于个人或国家兴衰的重要性。

"有德则易以王"，其中"德"是因，而"王"则是果。善因往往会导致善果。君主的德行会在社会中产生正向的连锁反应，最终实现国家的繁荣昌盛，达到"王"的境界。汉武帝刘彻推行"罢黜百家，独尊儒术"的政策，自己也尊崇儒家的道德观念。在他的倡导下，社会上尊崇儒家的礼仪道德之风盛行，从士大夫阶层到普通百姓，都注重自身品德修养和家庭伦理观念。这种良好的社会风气对于国家的凝聚力和向心力起到了积极的促进作用。

从统治根基的角度看，"无德则易以亡"揭示了君主如果失去道德，就动摇了国家统治的根基。在中国古代社会，君主的合法性部分地源自其道德形象。当君主无德时，百姓对君主的信任就会瓦解。君主如果残暴不仁，随意增加赋税，滥用刑罚，民众的反抗情绪会日益高涨，国家的稳定秩序就会被打破。从社会凝聚力的角度看，道德是维系社会团结的重要纽带。君主作为国家的最高领导者，若其道德缺失会引发一系列负向的连锁反应。官员们可能会为了迎合无德之君主或者为谋取私人之利益而腐败；整个社会的价值观也会因为君主的无德而发生扭曲，人心离散，国家就像一盘散沙，最终走向灭亡。

“有德则易以王，无德则易以亡”一语，简洁而有力地概括了君主道德修养与国家命运之间的紧密联系，有深远且重要的意义。同时，它也启示我们，必须注重个人道德之养成。人无德不立，一个缺乏基本道德品质的人，是无法在社会中获得他人认可与尊重的，也是难以建立起稳定的人际关系和社会地位的。为此，必须勤于修身，不断提升个人道德修养。

拓展阅读

“有德则易以王，无德则易以亡”这句格言，还出现在多部经典著作之中。比如，《汉书·郦陆朱刘叔孙传》中写道：“成王即位，周公之属傅相焉，乃营成周都雒，以为此天下中，诸侯四方纳贡职，道里钧矣，有德则易以王，无德则易以亡。”《资治通鉴》中写道：“及成王即位，周公相焉，乃营洛邑，以为此天下之中也，诸侯四方纳贡职，道里均矣。有德则易以王，无德则易以亡。”不难发现，这几个出处表述大同小异，意在告诫统治者在施政过程中一定要注重塑造自身良好的道德形象，尽量避免做出有违道德、损害民心的行为。

道德不厚者不可以使[1]民。

出处

西汉·刘向《战国策·秦一》

注释

1 使：役使。

译文

道德修养不深厚的人，不能役使百姓。

解读 《战国策·秦一·苏秦以连横说秦》中说："毛羽不丰满者不可以高飞；文章不成者不可以诛罚；道德不厚者不可以使民；政教不顺者不可以烦大臣。"羽毛不丰满的不能高飞上天，法令不完备的不能惩治犯人，道德修养不深厚的不能役使百姓，政教不顺民心的不能烦劳大臣。用了类比的手法，意在说明统治者的道德品质对于治理民众的重要作用。

为什么"道德不厚者不可以使民"呢？一方面，从民众心理的角度看，老百姓如果认为自己的领导者是一个道德低下之人，自然很难对其产生信任感，更不可能愿意接受其领导。另一方面，从国家治理的角度看，一个道德修养不深厚的为政者是不可能给老百姓提供正面价值引导的，更是无法为其树立良好道德榜样的。当然，"道德不厚者"在统治过程中，往往会借助于严刑峻法，这种强制手段只能带来短期的服从，但是根本无法建立起长期稳定的统治秩序。秦始皇统一六国后，虽然建立起了强大的中央集权制度，但很快就因为滥用民力、苛捐杂税繁重而在道德上失去民众的支持。随后，陈胜、吴广起义，天下云集响应，最终导致秦朝二世而亡。

道德醇厚者，自身行为端正，自然就有良好的榜样与示范作用。在很多时候，有德行的领导者，根本不需要直接下达指令或要求，被领导者也会主动配合，完成相关的任务。明代清官海瑞，一生清正廉洁，敢于打击豪强。为政期间，他的下属们看到他廉洁、公正，也都自觉约束自己的行为，支持、配合海瑞推行的各种举措。

“道德不厚者不可以使民”启示我们，必须勤于修德，积极提升自身道德素养。孔子说：“其身正，不令而行；其身不正，虽令不从。”正人先正己，只有自身品行高尚、行为端正，能作出表率，这样不需要发号指令，别人也会跟着行动起来；相反，如果自身品德不高尚、行为不端正，却要求别人端正，是不会有人听从的。

拓展阅读

在中国共产党百年发展历程中，有很多的党员领导干部品行高洁，堪称为人处世之楷模。人民的好书记焦裕禄，在兰考县任职期间，一心扑在治理风沙、内涝、盐碱地“三害”上。他忍着肝病的折磨，带领群众查风口、探流沙、种泡桐，最终因劳累过度，病情恶化，不幸逝世，他将自己的全部精力都奉献给了兰考人民。焦裕禄之所以深受人民群众爱戴，根本原因就在于他品德高尚，始终与老百姓心相连、情相依，同呼吸、共命运，视人民群众为衣食父母，诚心诚意当人民公仆。1990年，习近平同志曾作《念奴娇·追思焦裕禄》词一首，表达了决心以焦裕禄为榜样，立志为民造福谋利的情怀，其一片公仆之心、一腔浩然之气也令人动容。

行❶德则兴，倍❷德则崩❸。

出处

西汉·戴德《大戴礼记·武王践祚》

注释

❶ 行：实行。

❷ 倍：通“背”。

❸ 崩：败坏。

译文

践行道德，国家就会兴盛；反之，背离道德，（国家）就会崩溃。

解读 《大戴礼记·武王践祚》中说："剑之铭曰："带之以为服，动必行德；行德则兴，倍德则崩。"意思是说，带剑作为配饰，行动必须施行德化。施行德化，国家就昌盛；违背德化，国家就崩溃。主要强调了道德对国家兴衰成败的关键作用。

"行德则兴。"道德是一个国家繁荣发展的重要基础。为政者如果能够按照道德要求去行事，施行仁政，必然会使国家逐渐走向兴盛。诸葛亮以德治蜀，严格公平公正执法，赢得了百姓的信任与支持；积极发展农业和水利，组织人力修缮都江堰等水利工程，使农业丰收，农民有了保障；鼓励手工业和商业的发展，促进了经济的繁荣；对蜀汉政权忠心耿耿，激励了蜀汉臣民团结一心、共同为蜀汉政权的发展而努力。正是在诸葛亮的励精图治下，蜀汉政治清明，经济发展，社会稳定，军事实力不断增强，奠定了三分天下之格局。

"倍德则崩。"如果为政者违背道德原则，"多行不义必自毙"，最终的结果就是使得国家走向崩溃。秦二世胡亥执政时期，实行了许多违背道德的政策。比如，他采用严刑峻法，使法律过于苛刻，因"连坐法"而殃及许多无辜的百姓；为了满足个人之私欲，滥用民力，百姓被迫离背井离乡，生活苦不堪言。这些悖德的行为，导致了社会矛盾的激化，最终引发了秦末农民起义，秦朝统治因此而迅速崩溃。

“行德则兴，倍德则崩”启示我们，必须注重加强社会的道德建设。国无德不兴，必须“激发人们形成善良的道德意愿、道德情感，培育正确的道德判断和道德责任，提高道德实践能力尤其是自觉践行能力”，“只要中华民族一代接着一代追求美好崇高的道德境界，我们的民族就永远充满希望”。培育和践行社会主义核心价值观，提升人民的道德素养，提高全社会的文明程度，是一个系统工程，需要久久为功，常抓不懈。同时，对公民个人来说，必须注重锤炼自己的品德，崇德向善，这样才能赢得他人的尊重和信任，事业也更容易获得成功。

拓展阅读

2018年3月10日，习近平总书记在参加十三届全国人大一次会议重庆代表团审议时强调，领导干部要讲政德。立政德，就要明大德、守公德、严私德。所谓“明大德”，就是要坚守政治品德，做到坚守信仰，对党忠诚；牢固树立“四个意识”，自觉在思想上、政治上、行动上同党中央保持高度一致。所谓“守公德”，就是要强化全心全意为人民服务的宗旨意识，做到以人民为中心，遵守全体公民约定俗成的道德规范，模范遵守相应的行业操守和行业纪律。所谓“严私德”，强调的是个人品德和家庭美德，要管住自己，做到克己奉公，廉洁自律；同时，还要树立良好家风，管好家人。

道得众❶则得国，失众则失国。

出处

《礼记·大学》

注释

❶ 众：民众，这里指民众的拥戴（或民心）。

译文

为政者得到民众的拥护支持就能得到整个国家，失去民众的支持就会失去整个国家。

解读 《礼记·大学》中说："《诗》云：'殷之未丧师，克配上帝。仪监于殷，峻命不易。'道得众则得国，失众则失国。是故君子先慎乎德。有德此有人，有人此有土，有土此有财，有财此有用。"意思是，《诗经》里讲，殷商还没有丧失民心的时候，是能够满足上天要求的。我们应该把其当作上天的一个警告，守住天命是不容易的。为政者拥有良好德行，才能争取到人心，拥有更多的土地和财富，满足基本的衣食用度。格言深刻反映了民心对于政权的重要意义。

"得众则得国。"对一个国家来说，民众支持与否，往往发挥着决定性作用。在中国传统政治观念中，民心是国家统治之根本，得民心者得天下。一个政权若想长久稳固，必须得到老百姓的支持与拥护。贞观年间，唐太宗李世民深知"得众"的重要，推行了减轻农民赋税、科举选拔人才等一系列有利于民众的政策，使老百姓的生活得到改善，社会阶层流动更加合理，进而得到了民众的广泛支持。由此，贞观年间的唐朝社会政治清明、经济繁荣、文化昌盛，国力不断增强，疆域面积不断扩大与巩固，这正是"得众则得国"思想的生动实践。

反之，"失众则失国"。如果一个政权实行的政策与民众的利益背道而驰，久而久之就会失去民心，如同大树失去根基，国家之覆灭也就为时不远了。明朝末年，政治腐败，官员贪污受贿成风，崇祯皇帝虽然有整顿吏治之心，但已积重难返了。同时，土地兼并严重，大量失去土地的农民生活无以为继。再加上连年的灾荒，朝廷又没有足够能力进行赈济，老百姓生活苦不堪言。最终，在农民起义军和清军的双重打击下，明朝走向灭亡，其根源就在于失去民众支持。

“得众则得国，失众则失国”启示我们，在人际交往中应该争取更多人的支持与帮助，这样才能工作得更有力，生活得更和顺。俗话说，“一个篱笆三个桩，一个好汉三个帮”，实际上强调的就是个人要“得众”的问题。当然，相比较于国家来说，个人“得众”之道要简单得多，只要我们真诚待人，同时使用一些人际交往技巧就可以。

拓展阅读

中国共产党自成立以来，始终关注人民群众的需求，坚持以人民为中心作为全部工作的出发点与落脚点；始终坚持以为中国人民谋幸福、为中华民族谋复兴作为自己的初心所在、使命所系。2016年7月1日，习近平总书记在庆祝中国共产党成立95周年大会上发表讲话时指出：“人民立场是中国共产党的根本政治立场，是马克思主义政党区别于其他政党的显著标志。党与人民风雨同舟、生死与共，始终保持血肉联系，是党战胜一切困难和风险的根本保证，正所谓‘得众则得国，失众则失国’。”

德者，为理[1]之本也。

出处

东汉·马融《忠经·政理》

注释

[1] 理：治理。

译文

德治应该是治理国家的根本方法。

解读 《忠经·政理》中说："德者，为理之本也，任政非德，则薄；任刑非德，则残。故君子务于德，修于政，谨于刑。"意思是说，德治是治理国家的根本方法。如果用政令法规去统治老百姓而不讲德治，就会变得刻薄；如果使用刑罚来治理国家，而不注重道德教化，就会变得残酷。自古以来君子首要的任务应该是以德化民，推广仁政，并谨慎地使用刑罚。

"德者，为理之本也"，强调的是统治者应当注重德治，推行仁德之政，不能一味地推行刑罚，不可盲目地颁布政令，使"以德化民"贯穿于治理国家的全过程。儒家历来重视德治，认为德为政之根本。《论语·为政》中说："为政以德，譬如北辰，居其所而众星共之。"在孔子看来，统治者如果能够用道德来治理国家，就会像北极星一样，处在一定的位置，所有的星辰都围绕着它。马融的"德者，为理之本"的思想与孔子的"德政"观是一致的。在治国理政实践中，为政者必须以身作则，成为道德之楷模。如果君主做到以"仁"为道德准则，对待臣民们关爱有加，这样的道德行为必然会对臣民产生示范效应，从而引导整个社会的道德风尚，实现国家的良好治理。

汉朝初年，在历经了秦末农民战争和楚汉相争后，社会经济已遭到严重破坏，百姓生活困苦。汉文帝和汉景帝在位时期，推行以德治国。汉文帝多次下诏减免田租，将田租税率从汉初的十五税一减为三十税一，甚至在某些年份还全部免除田租。汉景帝沿袭了这一政策，极大地减轻了农民负担，体现了统治者对百姓生活的关怀。经过文帝和景帝的努力，汉朝的社会经济得到恢复与发展，人口不断增加，百姓生活逐渐改善，出现了“文景之治”的繁荣局面，为汉武帝时期的强盛奠定了坚实基础。

浇花浇根，育人育心。“德者，为理之本也”启示我们，在国家治理中，必须重视道德建设这一根本，培育和践行社会主义核心价值观是一项培根铸魂、强基固本的工程，必须抓紧、抓好、抓牢。同时，对我们公民个人来说，也必须勤于修德，在日常学习、工作和生活中不断地实践、反省与提升。通过这样的努力，我们才可以逐步建立起良好的道德品质，成为一个有益于社会和他人的人。

拓展阅读

马融，字季长，是东汉名将马援的从孙，其所著的《忠经》仿《孝经》体例，是一部专门系统总结忠德的经典。《忠经》全篇有序文一篇，正文十八章，内容丰富，体系完整，语言简练，提出了许多对后世忠德观念有深远影响的重要原则，如“善莫大于忠，恶莫大于不忠”“仁而不忠则私其恩，知而不忠则文其诈，勇而不忠则易其乱”等。《忠经》反映了两汉时期忠德的主要内容，也标志着春秋时期所产生的忠德观念已发展成为较系统完整的忠德学说。

治世以大德❶，不以小惠❷。

出处

晋·陈寿《三国志·蜀书》

注释

❶ 大德：大功德。

❷ 小惠：小恩小惠。

译文

治理国家要施行大的恩德，而不是小恩小惠。

解读　《三国志·蜀书·后主传》中说："治世以大德，不以小惠，故匡衡、吴汉不愿为赦。"当有人批评诸葛亮吝于宽赦他人的罪行时，诸葛亮却回答说，治理天下应该本着公正、仁德之心，而不该随意施舍不恰当的恩惠。所谓"大德"，主要是指那些能够对国家整体、长远利益产生重大积极影响的政策、举措和理念；"小惠"则是指一些局部的、短期的、只能满足少数人眼前利益的小恩小利。在这里，诸葛亮主要强调的治国之道应着眼于全局、注重长远利益。

为何治世要注重大德而不是小惠呢？因为"大德"涉及的都是普惠大众、影响深远的举措，而"小惠"往往是针对少数群体、局部问题的短期利益输送。"大德"是"国之大者"，大德之政是实现国家昌盛的基础。北宋中期，财政危机加剧，土地兼并严重，人民生活困苦，国家军事力量薄弱，王安石希望通过变法来改变"积贫积弱"的局面。所以，在变法的过程中，王安石恰当处理好了"大德"与"小惠"的关系，实行了解决农民资金困难，抑制高利贷盘剥的青苗法。从长远来看，这一变法是为了促进农业生产稳定发展，而不是简单地给农民发放救济物资（小惠），是一种着眼于国家经济结构调整的"大德"之策。尽管王安石的变法在实施过程中出现了一些问题，如部分地方官员执行不当导致农民负担加重等，但从根本上说，他试图通过一系列的制度改革（大德）来解决北宋社会深层次的问题，而不是通过简单的减税或发放救济（小惠）来缓解危机。

“治世以大德，不以小惠”启示我们，在现代化国家建设中，应该着眼于国家的长远发展和整体国民素质的提升，加快推进以改善民生为重点的社会建设。这些“大德”之举，维系的是一个正向的价值体系，兹事体大，而绝不是饮鸩止渴式的所谓“好处”可以比拟的，最终惠及的是全体国民。同时，对公民个人来说，不能只盯着个人眼前之私利，而是要着眼于长远，心怀“国之大者”。

拓展阅读

新时代的青年人应该心怀什么样的“国之大者”？如何做到心怀“国之大者”？2019 年 4 月 30 日，习近平总书记在纪念五四运动 100 周年大会上的讲话中指出：“新时代中国青年要听党话、跟党走，胸怀忧国忧民之心、爱国爱民之情，不断奉献祖国、奉献人民，以一生的真情投入、一辈子的顽强奋斗来体现爱国主义情怀，让爱国主义的伟大旗帜始终在心中高高飘扬！”当今世界面临百年未有之大变局，同时，实现中华民族伟大复兴进入了不可逆转的历史进程。青年强则国强，青年兴则国兴。新时代的青年一代应当树立远大理想，心怀“国之大者”，为我国社会主义现代化建设贡献自己的青春力量。

恃[1]德则固。

出处

北魏·常景《洛桥铭》

注释

1 恃：倚仗。

译文

依靠道德来治理国家，就能够根基稳固。

解读 《洛桥铭》中说："四险之地，六达之庄，恃德则固，失道则亡。"恃德即为重德，正所谓重德则兴，失德则亡。这里主要强调的就是道德与国家存亡的关系，以德治国，施行德政，就会使国家繁荣昌盛。

为什么"恃德"国家就会稳固呢？得道者多助，失道者寡助。自古至今，单凭武力是难以维持国家长久繁荣发展的，因为民心并不能通过强制性的武力而取得，只能通过仁德而感召。相反，过度依恃武力进行统治，只会使人民更加反感，加剧民众的困苦与不满。秦国之所以能够从列国中崛起，很大程度上是因为遵循了重德的理念。商鞅变法后，法治在秦国逐渐推行开来，这种法治其实在当时背景下包含了某些"德"的因素。比如，它强调公平的赏罚，不论贵族还是平民，只要有军功就能获得爵位和土地，打破了传统的贵族世袭制，这体现了一种公正的理念。经济上，秦国重视水利工程建设，修建了郑国渠，对农业的发展起到了巨大的推动作用，造福了百姓，是一种"仁爱"之举。这些举措使秦国国力大增，统治根基逐渐稳固，为后来统一六国奠定了坚实基础。

反之，"失道则亡"。无论是国家还是个人，或是一个企业，如果背离了正义与道德的准则，必然会陷入困境之中，甚至走向灭亡。安然公司曾是世界上较大的能源公司之一，但该公司高层在经营过程中存在财务造假、虚报公司利润、隐瞒债务、欺骗投资者等“失道”行为。这种违背商业道德和诚信原则的行为被揭露后，公司信誉随之崩塌，投资者纷纷撤资，合作伙伴终止合作。最后，安然公司不得不在2001年宣告破产。

“恃德则固”启示我们，必须重视和加强道德建设。对个人而言，道德规范具有一定约束作用，对个人成长有塑造和指引作用；对社会而言，加强家庭美德、职业道德和社会公德建设，有助于形成和谐的人际关系，促进社会的和谐稳定；对国家而言，“恃德”有助于形塑良好的国家形象，增强国家文化软实力。

拓展阅读

在对外交往中，习近平主席经常会化用一些传统文化经典名句，阐明中国的外交原则、立场与主张。比如，2016年4月，在亚信第五次外长会议开幕式上的讲话中指出：“‘恃德者昌，恃力者亡。’弱肉强食有违时代潮流，穷兵黩武缔造不了和平，互谅互让才能带来稳定，坚守道义才能赢得持久安全。我们要坚持通过对话协商，依据国际法，坚持以和平方式解决争议问题，以对话增互信，以对话解纷争，以对话促安全。”“恃德者昌，恃力者亡”一语就是出自司马迁的《史记·商君列传》，说的也是依靠道德的力量才能兴旺强盛、长久发展，而倚仗暴力终将走向灭亡。

古之兴者，在德薄厚，不以大小❶。

出处

南朝·范晔《后汉书·邓寇列传》

注释

❶ 大小：此处指土地疆域的大小。

译文

古代兴起的帝王，只在他品德的厚薄，而不在其地盘的大小。

解读 《后汉书·邓寇列传》中说："人思明君，犹赤子之慕慈母。古之兴者，在德薄厚，不以大小。"当时，大司马刘秀率军向东北进军，攻陷广阿。刘秀翻阅地图，指给大将军邓禹看，并说道："天下郡国如此之多，到今天我才得到其中的一个。你先前认为我忧虑天下不能平定是多余的，为什么？"邓禹回答说："现在天下混乱，人民想要英明的君王，就像初生的婴儿思慕慈母。古代兴起的帝王，只在他品德的厚薄，不在他地盘的大小。"在这里，邓禹着重强调了为政者的道德状况在国家兴衰过程中的核心作用。

国之兴衰在德之厚薄。"厚"，意指品德高尚；"薄"，是指道德缺失。在很大程度上，统治者的道德品质如何，会直接影响到国家的兴衰。一个道德高尚的统治者，会以公正合理的方式分配资源，让百姓安居乐业，社会各阶层的矛盾会得到有效调和。相反，道德缺失的统治者，往往只会为了个人之私欲而滥用权力，导致社会动荡和民众的反抗。商王朝早期的君主们，比较注重自身品德和对百姓的统治方式。但到了商纣王时期，他却沉迷于酒色，个人生活奢侈荒淫；为政残暴，对臣民实行严刑峻法，听不进忠言良劝，比干等忠臣进谏却遭杀害。商纣王道德沦丧，使得民心离散，诸侯们纷纷叛离。尽管商朝在当时是一个地域广阔、经济相对发达的国家，但由于君主道德上的缺失，最终走向了灭亡。

国之兴衰不在于大小。一个国家的兴盛与否，不在于领土面积是否广袤，关键在于政治制度、经济模式、文化传统、领导能力和国民素质等多方面因素。古希腊时期的雅典是一个领土面积相对较小的城邦，但它却成为当时希腊世界的政治、经济和文化中心。政治上，雅典实行民主政治，公民可以直接参与城邦事务的讨论和决策，这种民主制度激发了雅典公民的积极性和创造力。文化上，雅典城邦文化繁荣兴盛，诞生了像苏格拉底、柏拉图等众多伟大的哲学家、剧作家和艺术家。经济上，雅典的海上贸易十分发达，通过其优良的港口，与地中海周边地区进行着广泛的贸易往来，既积累了财富，又提升了雅典城邦的经济实力。

拓展阅读

关于德之厚薄的问题，老子曾对其有所阐释。如《道德经》中说：“大丈夫处其厚，不居其薄；处其实，不居其华。”老子认为，大丈夫立身于敦厚，不居于浅薄；存心朴实，不居于虚华。厚德载物，一个人道德敦厚，方能站得稳、站得久，而不至于站在那里摇摆不定；同时，还要做到不能太浅薄、太世俗，不能一天到晚都在想自己能得到什么好处。要去除浮华，不断提升自我。

善为❶天下者，计❷大而不计小，务❸德而不务刑。

出处

北宋·欧阳修、宋祁等《新唐书·陈子昂传》

注释

❶ 为：治理。
❷ 计：考虑。
❸ 务：致力，从事。

译文

善于治理国家的人，应该思谋大事而不计较小事，致力于道德而不注重刑罚。

解读 《新唐书·陈子昂传》中说："善为天下者，计大而不计小，务德而不务刑，据安念危，值利思害。"这里主要强调的是善于治理天下的人，会着眼于大的方面而不是拘泥于小的细节，致力于推行道德教化而不是单纯依靠刑罚。主张道德在国家治理中处于主导地位，要有大局观念，避免因小而失大。

"善为天下者，计大而不计小"，体现的是一种卓越的领导智慧和治理理念。"计大"，就是着眼于全局、长远利益和重要的事务；"不计小"，并非忽视细节，而是不被眼前的小利益所束缚，能辨清主次，做到抓大放小。这就要求为政者要有高瞻远瞩的眼光和战略思维。汉武帝时期，各诸侯势力虽经前期削藩后有所削弱，但仍存在潜在威胁。为此，汉武帝实施推恩令，展现出"计大而不计小"的政治智慧。他允许诸侯将自己的封地分给子弟，表面上看似是对诸侯的恩赐，实则巧妙地削弱了诸侯的势力。与计较一时的诸侯反抗之"小风险"相比，汉武帝更重视国家政治体制的长期稳定这个"大目标"。

善为天下者，"务德而不务刑"，强调的是善于治理天下之人，应当把重点放在推行道德教化上而不是依赖刑罚，体现的是一种以道德引导为主的治理理念。西周建立初期，统治者总结了商朝灭亡的教训，提出了"明德慎罚"的思想。他们认识到单靠严刑峻法是难以长久地维持统治的，而道德教化对于凝聚民心和稳定社会秩序有至关重要的作用。

“计大而不计小，务德而不务刑”，不仅是对古代治国理念的高度概括，也对我们在为人处世方面有重要启示。尤其是我们在面对复杂问题时，应该注重长远目标和整体利益，而不是斤斤计较于眼前的小利小惠；要树立大局观，增强大局意识，要从宏观视角出发，制定出合理、有效的策略。

拓展阅读

2013 年 5 月习近平总书记给北京大学考古文博学院 2009 级本科团支部全体同学回信中就提到“得其大者可以兼其小”。2015 年 9 月习近平主席在接受《华尔街日报》书面采访谈到中美关系时说：“看待中美关系，要看大局，不能只盯着两国之间的分歧，正所谓‘得其大者可以兼其小’。”如何正确处理好“大”与“小”的关系呢？对二者要辩证地看待与分析，要想成就大局，就不能陷于局部。如果只看眼前、只论得失、只记自我，就可能纠缠在具体的事务之中不得脱身，从而因小失大；相反，如果能看到大势、大局和大道，以大胸襟、大眼界包容小问题、小矛盾，所谓的“小”也就自然能处理好了。

二 美德与生活

有容❶德❷乃大。

出处

《尚书·君陈》

注释

❶ 容：宽容，有宽容之心。

❷ 德：品德，指人的道德品质。

译文

有所宽容，德行才算高尚。

解读

《尚书·君陈》中说："尔无忿疾于顽，无求备于一夫。必有忍，其乃有济，有容德乃大。"这里主要强调了宽容是一种极为重要的品德特质。当一个人能够容纳不同的观点与行为，不狭隘、不偏执时，其品德修养就会因包容而不断提升。

宽容是一种高尚的道德品行。当一个人能够宽容待人时，说明他已经超越了自我中心的狭隘观念。在面对别人的错误与不当时，不去斤斤计较，而是以一种理解和体谅的心态去对待，这展现出的是一个人的大度、宽容与善良。这种宽容能使其站在更高的道德层面上。中国历史上，有很多明君贤臣以宽容待人处事而被传颂。唐太宗李世民能够开创"贞观之治"，与其能有容人之雅量有很大关系。他能容得下大臣们的直言进谏，尽管有些谏言特别尖刻甚至会让他难堪，但他深知这是为了国家之长远利益。正是他的这种宽容大度，使朝廷上下能够广开言路，大臣们尽心竭力地辅佐他，国家赖此而得以繁荣昌盛，这正是"有容德乃大"的真实写照。

宽容助推着人际关系的和谐。人们因不同的文化背景与社会经历，形成了不同的价值观和信仰。宽容有助于人们相互尊重，和平相处。古往今来，但凡成大事者，无不具备容人容事之气量，能容人所难容，故能成人所难成。蔺相如因为完璧归赵的功绩而被赵王封为上卿，位居廉颇之上。对此，廉颇感到

十分不满，想羞辱蔺相如一番。蔺相如得知情况后，从大义出发，有意回避着廉颇。蔺相如的这种宽容行为，最终感动了廉颇，廉颇负荆而请罪，两人遂成刎颈之交。可以说，容人之短不易，容人之长尤难。对能力高于自己的人，是心怀不满还是真诚点赞，其实考量的是一个人的胸襟与远见。水容山之高，山高水远；天容地之厚，地久天长。从某种意义上讲，能容人之长，其实更利人、利己、利事业。

在全球化背景下，不同国家、地区和民族的文化相互交流碰撞。“有容德乃大”启示我们，在国际交往中，要充分尊重不同的文化习俗、生活方式；坚持交流互鉴，促进和而不同、兼收并蓄的文明交流；坚持不同文明之间要对话不要对立，要交流不要取代，要包容不要冲突；以开放之姿态开展合作交流，彰显大国包容之风范。

拓展阅读

大海之所以伟大，是因为其能容纳千百条河流；人要变得伟大，也必须有宽广的心胸。治国以及国际交往均是如此。习近平主席在博鳌亚洲论坛2013年年会上的主旨演讲中就明确指出：“‘海纳百川，有容乃大。’我们应该尊重各国自主选择社会制度和发展道路的权利，消除疑虑和隔阂，把世界多样性和各国差异性转化为发展活力和动力。”今天，要推动构建人类命运共同体，必须坚持开放包容原则，推动各国共同发展，才能够开创人类更加美好的未来。

日新❶之谓盛德❷。

出处

《周易·系辞上》

注释

❶ 日新：持续不断地更新、变化。
❷ 盛德：指崇高的品德。

译文

每天推陈出新，不断改变创新，才称得上深厚的品德。

解读 《周易·系辞上》中说："富有之谓大业，日新之谓盛德。生生之谓易，成象之谓乾，效法之谓坤，极数知来之谓占，通变之谓事，阴阳不测之谓神。"在古人看来，广泛地创造物质财富和精神财富，可称得上是伟大的事业；持续不断地进步，每天都在更新，可称之为崇高的品德。

"日新之谓盛德"，主要强调的是不断创新与创造的重要性。如果能够做到每天都有新的变化、新的进步，这是一种伟大的品德和能力，蕴含着积极向上、不断进取的精神，告诫人们不能满足于现状，始终追求更高层次的发展。《礼记·大学》中说："苟日新，日日新，又日新。"也是鼓励人们不断追求进步和自我完善。

纵观人类社会的每一次重大发展与进步，都离不开创新和变革。工业革命让人类从农业文明跨入工业文明，生产力得到前所未有的提升，社会结构、生活方式等都发生了翻天覆地的变化。这种变革就是社会层面的"日新"。同样，互联网的诞生本身就是一个巨大的创新。从早期简单的信息传输网络，到如今成为全球信息交流、电子商务、在线教育等多功能的平台，它一直在实现着自我的"日新"。

"日新之谓盛德"是一种重要的生活指引。在知识爆炸的时代，每个人的知识都需要持续不断地更新，人们的思想观念也需要持续更新，终身学习已经成为当代人必须具备的品质和能力，否则就很容易被社会所淘汰。

创新是中华民族传统美德之一，也是中华民族最深沉的民族禀赋。中华文明五千多年绵延不绝、薪火相传，很重要的一个原因就在于中华民族始终坚持与时俱进、与时偕行的理念，昂扬奋进，创造了宝贵的物质财富与精神财富。当前，在渐趋激烈的国际竞争中，唯创新者进，唯创新者强，唯创新者胜。唯有不断创新，中华民族才能真正自立于世界民族之林。

拓展阅读

《周易》被尊为“六经之首”，是儒家经典之一，相传为周文王姬昌所作。主要包括《经》和《传》两部分，《经》的部分是指《周易》六十四卦的卦画及相应的卦爻辞。《传》是对《经》部的注释、原理与用途的介绍，主要包括文言传、彖传（上下）、象传（上下）、系辞传（上下）、说卦传、序卦传、杂卦传七种十篇，又称“十翼”。《系辞》属于《传》，是对《经》的解释和发挥。《周易》是我国古代一部极具智慧的经典著作，所蕴含的阴阳、变化、天人合一、中和等哲学思想，为中国哲学的发展奠定了基础，对后世的哲学家如老子、庄子、孔子、孟子、荀子等都产生了深刻影响。

同德则同心，同心则同志❶。

出处

《国语·晋语》

注释

❶ 同志：志同道合的人。

译文

德行相同，心意就相同；心意相同，志向便相同。

解读　《国语·晋语》中说："同姓则同德，同德则同心，同心则同志。同志虽远，男女不相及，畏黩敬也。""同德"指的是人们在道德观念、价值取向等相同或相似；"同心"意味着大家心往一处想，心思和意愿是一致的，在"同德"的基础上，人们的思想更加统一。当然，这种统一不是简单的表面附和，而是基于共同道德认知下的一种深度认同。"同志"则是指志同道合，有着共同的理想和追求。

春秋时期，晋国公子重耳流亡在外，历经了诸多磨难，各国对重耳的态度也不尽相同。"同德则同心，同心则同志"这句话，正是诸大臣围绕在重耳身边，在与他共患难的背景下所阐述的理念，体现了君臣之间志同道合的关系对于政治活动的重要性。其实，正是因为君臣之间、上下级之间做到了同德、同心、同志，才能共同成就一番事业。唐太宗李世民和大臣魏徵在治国理念上都认同儒家的"仁政"思想，都认为应该以民为本。正是基于这种"同德"，他们才能够"同心"地对待国家大事。魏徵敢于直谏，李世民善于纳谏，在发展目标上他们又"同志"，因此能共同致力于打造贞观盛世。

中国传统文化中的"同德则同心，同心则同志"思想，对现代社会发展也有深远影响。社会的和谐、稳定与发展，离不开广大民众在价值观上存有一定的共识。换言之，社会主义核心价值观就是当代中国社会的“同德”内容之一。当全体社会成员普遍认同富强、民主、文明、和谐等核心价值观念时，整个社会便会在思想上趋向“同心”。在面对国家发展战略、社会重大改革等问题时，这种思想上的统一就会转化为全体人民朝着共同目标奋进的力量。

同样，对于个人而言，当我们与同学、同事以及朋友拥有“同德”时，就会在共同思想的指引下，彼此之间更容易理解和沟通，关系也会更加融洽，进而达成“同心”的状态。在我们个人成长中，选择与“同德”之人同行，就可以在相互支持和鼓励中实现自我价值。

拓展阅读

《吕氏春秋》中说：“万人操弓，共射一招，招无不中。”一个组织、一个团队乃至一个国家，要想在纷繁复杂的世界中立足，必须目标一致、齐心聚力，依靠同心同德的团结精神。据记载，魏晋南北朝时期，吐谷浑王阿豺临终前让自己的二十个儿子各献一支箭放在地上，命其弟慕利延折其中一支箭，箭轻易被折断；之后他又命慕利延把另外十九支箭握成一把一起折，箭则无法被折断。阿豺随后对大家说：“单者易折，众则难摧，戮力一心，然后社稷可固。”阿豺折箭训子的故事也在告诫我们，只要大家同心同德、精诚团结、众志成城，就会无往而不胜。

道[1]之以德，齐[2]之以礼，有耻且格[3]。

出处

《论语·为政》

注释

1 道：同“导”，指引导。

2 齐：整治。

3 格：纠正、匡正，这里指人心归服。

译文

用道德来教导民众，用礼制来规范民众，民众就会有明确的是非之心并且真心归服。

解读

《论语·为政》中说："道之以政，齐之以刑，民免而无耻；道之以德，齐之以礼，有耻且格。"孔子所处的春秋末年，社会动荡不安，原有的社会秩序和礼仪规范遭到破坏。孔子认为，单纯依靠政令和刑罚来治理国家是不够的，这样的治理只能让民众学会避免犯罪，但不能使其懂得礼义廉耻。相反，如果用道德来引导、用礼仪来规范人们的行为，这样才能使民众真正从内心产生荣辱感，自觉地遵守社会秩序。所以，孔子运用了对比的方法，对推行道德教化的意义进行阐发，强调了道德教育和礼仪规范在治理国家、引导民众方面的重要作用，也体现了儒家重视德治教化的思想。

道德是一种内在的约束力量，它能够激发人们内心的善念。当统治者用道德去引导人们时，人们会从思想深处认识到什么是正确的行为、什么是错误的行为。比如，在一个大力提倡尊老爱幼的社会中，人们会自觉地去照顾自己家里的老人和孩子，而不是因为法律规定必须这样做。礼是一种外在的行为规范，它规定了人们在各种场合下应该遵循的仪式和行为准则。通过礼的约束，人们的行为会更加符合社会的期望。唐太宗李世民在国家治理中，就非常重视道德教化和礼仪制度的作用，倡导廉洁奉公、忠诚爱国等品德；官员们以礼义规范自身行为，上行下效，在这种环境下，老百姓就会以遵循道德规范和礼仪为荣，社会风气良好，国家也得以昌盛。

“道之以德，齐之以礼”对于今天的社会建设有重要的启示意义。实现国家的长治久安，既要依靠法律的强制约束，更要依靠人民内心的认同和自我约束。从社会层面上说，只有积极倡导和弘扬友善、互助、公平、正义等正能量的道德观念，并通过礼仪文化将这些道德观念具象化，融入人们的日常生活中，那么整个社会就会形成一种积极向上的氛围。从个人层面上说，必须注重自身道德修养和礼仪规范，培养自己的善良、宽容、诚实等品质，以道德准则审视规范自己的行为。个人在道德和礼仪上的不断进步，也会对周围的人产生积极的影响，形成一个良好的人际环境，促进整个社会文明程度的提升。

拓展阅读

关于德政与刑政何为治国之切要问题，历史上一直存在不同看法。比如，儒家认为德政是治国的根本，在《孔子家语·执辔》篇中提出“夫德法者，御民之具，犹御马之有衔勒也”。孔子把治国比喻为驾车，而把“德法”看作统御的工具。同时，在《孔子家语·刑政》中又说：“太上以德教民，而以礼齐之；其次以政焉导民，以刑禁之，刑不刑也。”可见，儒家主张刑之设不独为刑，更在于止刑；惩恶不是终极目的，劝善才是最高宗旨。

德不孤❶，必有邻❷。

出处

《论语·里仁》

注释

❶ 孤：孤单。

❷ 邻：亲近，相伴。

译文

有道德的人不会孤单，必定会有志同道合的人来与他为伴。

解读

“德不孤”一语又见于《周易》:“君子敬以直内，义以方外，敬义立而德不孤。”意思是说，君子以“敬”的态度保持内在的浩然正气，以“义”的原则处理外在的事物，“敬”和“义”确立起来了，就会收到“盛德不孤”的效果。“德不孤”中的“德”，指的是道德品行，一个有道德的人不会孤单；“必有邻”中的“邻”，并非仅仅局限于地理位置上的邻居，更广泛地代表了志同道合之人。这句话体现了孔子对道德力量的坚定信念。

在孔子所处的春秋时期，礼崩乐坏，社会动荡不安。孔子周游列国，推行自己的道德理念和政治主张，虽然遭遇诸多困难，但他始终相信，只要一个人坚守高尚的品德，就不会被孤立，必然能吸引到同样秉持正义和道德观念的人。这种观念也反映了儒家积极入世的价值观，鼓励人们在困境中坚守道德底线，不会因为暂时的孤立无援，而放弃自己对品德的不懈追求。

范仲淹始终以天下为己任，具有高尚的品德。在仕途上，他多次直言进谏，不怕得罪权贵。他曾因抨击宰相吕夷简用人唯亲而被贬官。但他忧国忧民的高尚情怀，吸引了许多志同道合的人。在西北边境任职时，范仲淹团结将领，选拔人才不拘一格。将军狄青出身低微，但在范仲淹麾下，得到重用和提拔。范仲淹不仅对他悉心教导，传授他军事知识，还注重培养其品德和文化素养。在范仲淹的道德风范和爱国精神的感召下，周围聚集了一批愿意为国家和百姓效力的人才，形成了一种积极向上的力量。

“德不孤，必有邻”启示我们，一个人应当努力践行乐于助人、诚实守信等美德，即使在周围环境中暂时找不到同行者，只要长期坚持下去，总会吸引到志同道合的朋友。同时，在社会层面上，要充分认识到道德的强大凝聚力量。点滴微光，可成星海。凡人善举，汇聚起时代力量。只要大家坚守住道德高地，就一定能够影响到身边的人，逐渐汇聚成强大的社会正能量。

拓展阅读

历史上，化用《论语》中的“德不孤，必有邻”一语的名言警句还有很多。比如，唐代诗人祖咏参加司勋刘郎中别业的宴会后而写的“以文常会友，惟德自成邻”；明代王志坚编纂《四六法海》时写的“德则有邻，才不必贵”等，都是对“德不孤，必有邻”的化用，强调道德的感召力与凝聚力，认为一个秉持良好品德的人，其言行举止所散发的正能量会吸引周围人与之亲近、交往，形成良好的人际圈子。2015年5月，习近平主席在中日友好交流大会上的讲话中引用“德不孤，必有邻”一语，他说：“邻居可以选择，邻国不能选择。‘德不孤，必有邻。’只要中日两国人民真诚友好、以德为邻，就一定能实现世代友好。”

君子之德，风也；小人之德，草也。草上之风必偃❶。

出处

《论语·颜渊》

注释

❶ 偃（yǎn）：倒。

译文

为政者的道德就好比是风，老百姓的道德品质就好比是草，当风吹到草上面的时候，草就会跟着风的方向倒伏。

解读 《论语·颜渊》中说："子为政，焉用杀？子欲善而民善矣。君子之德，风也；小人之德，草也。草上之风必偃。"这是孔子在回答季康子关于如何治理政事时所说的一番话。孔子认为，为政者的德行如同风，小人的德行如同草，风向草吹去，草必定会随风而倒。这里主要强调了领导者的德行对民众的重大影响问题。孟子也主张"君子之守，修其身而天下平"，认为君子通过修身达到影响天下的效果，与孔子的"君子之德，风也"有异曲同工之妙。

在儒家看来，为政者若能以身作则，推行德政，民众也会效仿，那么整个国家的风气自然会向善，从而形成良好的社会秩序。反之，如果为政者行为不端，整个社会风气也会随之而败坏。汉文帝以节俭、爱民著称，他自己身着朴素的衣袍，减少宫廷开支，减轻百姓赋税。这种节俭的品德如同春风一样，影响了朝廷大臣和地方官员，使得整个官场风气为之一新，百姓从中受益，社会呈现出繁荣稳定的局面，百姓安居乐业。

1936年，美国记者埃德加·斯诺到陕甘宁边区采访时发现，红军中，指挥员的伤亡率很高，因为他们向来都是身先士卒、冲锋在前。与此形成鲜明对比的是，国民党上层官员不知奋发上进，而且"弛懈偷安"。最终，"延安作风"打败了"西安作风"。"人不率则不从，身不先则不信。"无论是革命战争年代，还是和平建设的今天，我们党始终强调领导干部要带头，冲在前、干在先，唯此才会形成“头雁效应”，这正是我们党走向成功的关键。因为有一批批敢做表率、愿打头阵的英雄模范，我们党才能团结带领全国各族人民战胜一个又一个艰难险阻，取得一个又一个伟大胜利。

“君子之德，风也；小人之德，草也”启示我们，身处领导岗位的人，一定要注意检点自己的品德修养、行为举止，因为他们的言行会对社会大众产生广泛的影响。同时，这一格言所蕴含的哲理也启示我们，每个人都要努力成为拥有良好道德品质的人，进而不断地去影响身边的人，最终共同营造一个积极向上的社会道德环境。

拓展阅读

中华民族在漫长的历史发展过程中创造出灿烂辉煌的人类文明，之所以能够自立于世界民族之林，很重要的原因就在于有无数志士仁人能够身先士卒、率身垂范，带领人民历经艰难曲折而奋力前行。新时代，广大党员领导干部以身作则、以上率下，对整个社会风尚起到重要的引领作用。正如习近平总书记在“不忘初心、牢记使命”主题教育总结大会上的讲话中所强调的那样：“‘君子之德风，小人之德草，草上之风必偃。’在上面要求人、在后面推动人，都不如在前面带动人管用。”

大学之道，在明[1]明德，在亲民[2]，在止于至善。

出处

《礼记·大学》

注释

① 明：彰明、弘扬。

② 亲民：使人弃旧图新、去恶从善。

译文

大学的宗旨，在于弘扬人性的光明品德，在于使人弃旧图新，在于达到至善的境界。

解读 《礼记·大学》开篇即言："大学之道，在明明德，在亲民，在止于至善。"这里所讲的"大学"是与"小学"相对的，"小学"学习的内容更多的是立足社会所需要的洒扫应对进退、礼乐射御书数等生存生活技能；而"大学"则是指"大人之学""君子之学"，主要学习"穷理正心、修己治人"的学问，重在提升个人的道德品质。

"明明德"，就是对个人内在道德品质的发掘和发扬。儒家认为人天生就有善良的本性，但是这种本性可能会被后天的欲望、环境等因素所蒙蔽。"亲民"，即新民，使人弃旧图新、去恶从善。"止于至善"，是一种极高的道德理想境界，要求人们在道德修养上不断追求完美，永无止境。这种至善的境界包括个人品德的完善、人际关系的和谐、社会秩序的良好等多个方面。

"明明德""亲民""止于至善"是实现"大学之道"的"三纲领"，是一个要求由低至高、内涵由简单到复杂、活动由自身到他人以至群体社会的过程。"三纲领"既是《大学》的纲领旨趣，也是儒学"垂世立教"的目标所在，它强调修身养德、与人为善、追求至善的道德准则，表达了儒家以教化为手段的仁政、德治思想，传达着一种高尚的人生观和价值观。

"大学之道"历来为士人君子所推崇，它为士大夫阶层提供了一套完整的人生理想和行为准则，指导着无数的学者和为官者在个人修养、家庭管理和国家治理等方面的实践。历史上，有众多的贤臣良将都以修身、齐家、治国、平天下为自己的人生目标，他们在朝堂之上为国家的发展出谋划策，在家庭生活中注重言传身教，培养后代品德。

“大学之道”的智慧具有穿越时空的魅力，对现代社会和个人发展都有着不可忽视的价值。在个人层面，它提醒人们要重视自身品德的培养，通过不断学习和实践来提升个人的内在品质。在社会层面，它所倡导的社会关怀和对至善境界的追求，激励着人们积极参与社会公益事业，关注社会公平正义。同时，“大学之道”包含的实践路径，对于现代教育理念和人才培养模式也有一定的借鉴价值，如强调知识与道德相结合，注重从个人修养到社会贡献的系统性培养等。

拓展阅读

《大学》原是《礼记》中的一篇，到唐宋时期，逐渐被重视起来，并单独成篇，发展成为古代士人求取功名利禄的必读之书。《大学》中提出了“三纲领”（“明明德”“亲民”“止于至善”）和“八条目”（“格物”“致知”“诚意”“正心”“修身”“齐家”“治国”“平天下”），是儒家修养的根本目标和基本路径，成为中国古代封建政治伦理哲学的重要内容。

德者本[1]也，财者末[2]也。

出处

《礼记·大学》

注释

❶ 本：根本，重要。

❷ 末：末端，次要。

译文

道德是根本，财富是枝末。

解读

《礼记·大学》中说："德者本也，财者末也。外本内末，争民施夺。"主要强调了在个人修养和社会价值观念中，道德的基础性地位；与修德相比，财富应该居于次要的位置。何谓本？何谓末？《说文解字》中说："木下曰本""木上曰末。"意思是说，树木以树根为立基的根本，以树梢为末端。"外本内末"，就是树根到了外面，树梢到了地下，这就是本末倒置。在"德者本也，财者末也"一语中，"外本内末"形容的是重财而轻德的情况。

为什么说"德"是根本而"财"是枝末呢？从个人层面上说，具有诚实品德的人，在获取财富时不会通过欺骗、偷盗等不正当手段。陶朱公范蠡在帮助越王勾践复国后，功成身退。他通过自己的智慧经商，三次富甲天下，但每次都仗义疏财，将财富用于救济贫苦百姓。他的品德启示后人，财富的意义不在于积累数字，而在于能够帮助他人、回馈社会。从社会层面上说，如果一个社会把道德视为根本，就会形成崇德尚德的良好社会风气，人们在经济活动、社会交往中就会更加注重诚信、公平等道德原则。比如，山西的"晋商"，始终秉持着"诚信为本"的商业道德理念，在经营过程中，注重信誉，保证商品质量，严格遵守商业契约，同时乐善好施，赈救灾荒，积极承担社会责任。这种把道德作为商业根本的做法，使得晋商群体能够在明清时期兴盛起来，并且对当

时的经济和社会发展产生了积极的影响。

“德本财末”的思想启示我们，必须正确看待和处理好道德与财富的关系。一方面，“德为财之基”。拥有良好的道德品质，能确保财富获取的正当性；同时，拥有良好的道德品质，也有助于财富持续积累。比如，“百年老字号”全聚德，之所以能够长久经营并积累财富，关键在于他们始终坚守诚信经营的道德准则，赢得顾客的信任，进而实现了长期稳定的盈利。另一方面，“财为德之辅”。一定数量的财富，能够为践行道德提供必要物质条件。比如，我们要做社会慈善，进行慈善捐赠，前提是有一定的财富，这样有助于更好地践行道德责任。

拓展阅读

“义”与“利”是儒家伦理中的一对重要关系。“义”，是一种道德准则和行为规范，主要基于人的良知和社会伦理道德要求，体现社会的公平公正性。“利”，即利益，包括物质利益和功利性的好处等。儒家并不完全否定“利”，因为人作为社会性动物，其生存离不开一定的物质基础；但儒家认为“利”应该符合“义”的要求，置于“义”的框架内获取和使用。儒家主张“君子喻于义，小人喻于利”，道德高尚的人，要见利而思义，面对利益诱惑时，首先考虑是否合乎道德的要求，做“取之有道”的盈利者；道德低下之人，会见利而忘义，把利益放在优先的位置，而完全不去考虑道义的问题，最终成为唯利是图的钻营者。

以德兼[1]人者王，以力兼人者弱，以富兼人者贫。

出处

《荀子·议兵》

注释

[1] 兼：兼并。

译文

依靠德行兼并别国的君主能够成就王业，依靠强力兼并别国的君主势力会逐渐衰弱，依靠财富兼并别国的君主最终会变得贫穷。

解读 《荀子·议兵》中说："凡兼人者有三术：有以德兼人者，有以力兼人者，有以富兼人者。……故曰：以德兼人者王，以力兼人者弱，以富兼人者贫，古今一也。"主要强调了德行、力量和财富在兼并过程中的不同作用及结果，突出了德治在国家发展中的重要意义。

"以德兼人"具有明显优势。从统治的稳固性看，以德服人能够赢得被统治者内心的认同和归顺。当一个国家的君主用道德来对待其他国家或者人民时，被感化的人们会从内心深处尊重和拥护这个君主。有仁德的君主关心百姓福祉，对其他国家秉持公正、友善的态度，这会让其他国家的人民感受到其高尚的品德，从而自愿归服。这种归服不是基于强制或者利益诱惑，而是基于道德感召，所以统治根基会更牢固。

"以力兼人"的弊端显而易见。依靠武力兼并他国，首先会面临巨大反抗，被武力征服的民众内心往往充满怨恨和不满。这种反抗可能不会在武力征服的当下立即爆发出来，但会在后续的统治过程中以各种形式，如频繁的叛乱、消极懈怠、不配合等表现出来。从历史上看，那些通过战争武力征服大片领土的帝国，虽然在短时间内看似疆域辽阔，但由于没有赢得被征服者的支持，长期处于动荡不安的状态，消耗了大量的人力、物力来维持统治，最终导致国家实力被削弱。

以财富使他人归服的，往往只是一种表面的、不稳定的关系。这种归服主要是基于物质利益的诱惑，一旦财富供给出现了问题，或者其他国家提供了更有吸引力的财富条件，这种归服关系就会瓦解。同时，依靠财富而兼并他国，也容易引起其他国家的嫉妒和敌意，进而引发国与国之间的紧张关系。此外，过度地使用财富来实现兼并，也会导致本国财富的大量消耗，使整个国家经济陷入困境之中。

“以德兼人者王，以力兼人者弱，以富兼人者贫”，体现了荀子对国家治理方式以及国与国关系的深刻思考。荀子主张实行德治，表明道德在国家治理中是主导，法律和武力等手段只是德治的辅助。荀子的“以德服人”思想对后世统治者产生了深远影响，很多有远见的统治者都注重施行德治与仁政，这正是赢得长治久安的关键所在。

拓展阅读

“以德服人”是儒家政治思想的核心内容，历代儒家学者对其多有阐释。《孟子·公孙丑上》中就说：“以力服人者，非心服也，力不赡也。以德服人者，中心悦诚服也，如七十子之服孔子也。”在孟子看来，一个有道德的人，才可以让人心悦诚服；用强迫性的类似武力手段让人臣服，只是暂时的。宋代的范仲淹也有类似的说法，如在《奏上时务书》中就说：“以德服人，天下欣戴；以力服人，天下怨望。”认为有力可争天下，但唯有德才可“服人”。

无德不贵，无能不官[1]。

出处

《荀子·王制》

注释

[1] 官：担任官职。

译文

没有美德之人不能使之富贵，没有才能之人不能让其担任重要官职。

解读

《荀子·王制》中说："无德不贵，无能不官，无功不赏，无罪不罚。"在荀子看来，无德的人，不能让他显贵；无能的人，不能让他做官；无功的人，不能给他奖赏；无罪的人，不能让他受罚。身为君王者，要懂得赏罚分明，用人唯德，用人唯能，若想取得一番成就，绝不能用人唯亲、按资排辈、重用那些无德无才之人。

一方面，"无德不贵，无能不官"强调了道德与尊贵地位的关联。荀子认为，道德是获取尊贵地位的前提条件。尊贵的地位不仅是权力和荣耀的象征，更是一种责任和榜样的体现。一个有尊贵地位的人，其行为和决策会对社会产生广泛的影响。如果这些人没有道德，那么他们可能会利用自己的地位谋取私利，做出损害国家和人民利益的行为。历史上，那些失德的君主在任期间，横征暴敛、荒淫无度，导致民不聊生。反之，具备良好道德品质的人，才能担当起尊贵地位所赋予的责任，以公正、仁爱等品德来治理国家和引导社会风气。

另一方面，"无德不贵，无能不官"强调了才能与官职的关联。对国家事务的管理，涉及行政、军事、经济等各个方面，如果没有相应才能的人担任官职，就如同让盲人引领方向，必然会导致事务的混乱和国家利益的受损。所以，荀子认为只有具备相应才能的人，方可胜任官职，有效地履行职责，为国家发展作出贡献。

人无品，不成人；人无德，不成器。道德是人格的重要组成部分，是社会评价一个人的重要标准。一个没有道德底线的人，即使暂时获得了财富和地位，也难以赢得他人的尊重和信任，最终无法在社会中长久立足。当然，能力是一个人获得发展的重要资本，如果没有足够的才能，他就难以胜任相应的工作和社会角色，也就难以为社会作出贡献。

“无德不贵，无能不官”启示我们，在选人用人过程中，不仅要考察他们的专业才能，还要关注他们的道德品质，坚持做到“德才兼备、以德为先”。此外，在社会评价方面，那些在道德方面有严重瑕疵的人，绝不应该受到追捧和尊崇，而应该让真正有道德、有才能的人成为社会的榜样。

拓展阅读

关于德与才的关系，司马光在《资治通鉴》中写道：“才者，德之资也；德者，才之帅也。云梦之竹，天下之劲也；然而不矫揉，不羽括，则不能以入坚。棠溪之金，天下之利也；然而不熔范，不砥砺，则不能以击强。是故才德全尽谓之‘圣人’，才德兼亡谓之‘愚人’；德胜才谓之‘君子’，才胜德谓之‘小人’。”今天，我们在选人用人方面，坚持“德才兼备，以德为先”，就体现了这一原则。

财不如义高，势不如德尊。

出处

西汉·刘向《说苑·谈丛》

译文

财富再多也比不上道义高尚，权势再大也比不上品德尊贵。

解读

《说苑·谈丛》中说："欲贵者莫如下人，贪财者莫如全身；财不如义高，势不如德尊。"主要表现了刘向不慕富贵、推崇道德、重视修身的思想。

为什么说"财不如义高"呢？拥有财富固然重要，因为它能给人们带来物质上的满足。比如，它可以让人享受到舒适的居住环境，品尝到各种美食，或是购买到自己心仪的物品等。然而，不能过分注重财富，尤其是在面对一些关乎是非抉择时。然而，道义却代表着公正、合理以及符合道德准则的行为规范和价值观，它能让人在复杂的情境中作出正确的价值判断和选择。比如，在义利观问题上，儒家主张的是要"见利思义"，强调人们在见到利益时，首先应该想一想它是不是符合道义的要求，该取的可以取，不该取的就不应据为己有。春秋时期，鲁国有一项法律规定：如果有人把在外为奴的鲁国人赎出来，可以到国库中报销赎金。有一次，子贡在国外赎回了一个鲁国人，却拒绝领取国家补助的赎金。孔子知道后就批评子贡说："你错了！从今以后，鲁国人就不肯再替沦为奴隶的本国同胞赎身了。你如果接受了国家补偿的赎金，并不会损害你这一行为的价值；但你不肯拿回赎金，别人就不肯再赎人了。"对子贡来说，正确的做法应该是按照国家之规定，领取国家补偿的赎金，这样既可以解救同胞，又能让这种爱心善举在合理的经济支持下得以持续下去。

为什么强调“势不如德尊”呢？权势通常意味着在某个领域或范围内拥有较大的支配力与话语权。但殊不知，权势是人民所赋予的，绝不可滥用。有些官员凭借手中的权势，欺压百姓，贪污腐败，结党营私，虽一时威风，但最终会遭到百姓唾弃、历史审判的。品德是一个人内在修养的体现，品德高尚的人无论身处何种地位，不管是否拥有权势，都能赢得他人的尊重与敬仰。孔子一生虽没有多高的权势，但他所倡导的儒家思想却深刻地影响了一代又一代的中国人，所以被尊称为“至圣先师”。

“财不如义高，势不如德尊”启示我们，不要一味地追逐财富和权势，而要更加注重对道义的坚守和品德的修养。我们都应当明白，真正的价值和尊严来源于一个人内在的品德与行为上的道义践行。

拓展阅读

刘向（前77—前6），字子政，沛县人，西汉时期著名经学家、目录学家、文学家。《说苑》是刘向的代表之作，主要包括君道、臣术、建本、立节、贵德等二十卷，内容涉及广泛，讲述的诸多义理言简意赅、富有深意，主要体现了儒家的哲学思想、政治理想以及伦理观念。每一卷按类记述了春秋战国至汉代的遗闻轶事，在每类之前列一个总说，后面又增加了一个按语，以记述诸子言行为主，不少篇章中都有关于治国安民、家国兴亡的哲理格言。

无德而贿[1]丰，祸之胎[2]也。

出处

东汉·王符《潜夫论·遏利》

注释

① 贿：财物。

② 胎：未出生的幼体，胚胎；引申为事物的根源，萌芽，起因。

译文

没有德行却财物丰厚，这是祸患的根源。

解读 《潜夫论·遏利》中说："子孙若贤，不待多富；若其不贤，则多以征怨。故曰：无德而贿丰，祸之胎也。"在王符看来，子孙如果是有贤德的，根本不需要留给他们很多财产；同样，子孙如果没有贤德，留给他们太多的财产反而会招灾惹祸。所以说，没有德行而有丰厚的财物，这是祸患根源之所在。

王符在此主要强调了"无德"与"贿丰"的关联性，无德而贿丰是灾祸的开端，因为它违背了正道，必然会引发一系列不良后果。所以说，无论子孙后代最终发展得如何，与其留给他们丰厚的物质财富，倒不如留下精神遗产，意在提醒人们不应过度追求财富而忽视了道德的培养。

从历史上看，很多"无德"而"贿丰"的为官者，其最终结局多是家破人亡、身败名裂。明朝奸臣严嵩，为官期间专擅朝政，排除异己，通过卖官鬻爵、收受巨额贿赂等手段，聚敛了大量财富。他全然不顾为官应该恪守的基本品德操守，一心只追逐个人私利。后来，严嵩因恶行败露而被削官抄家，儿子严世蕃被处斩。最终，严嵩在贫病交加中死去，曾经的荣华富贵也化为乌有，严氏家族随之而衰败。所以说，一个以不正当手段攫取财富的无德之人，必然会招致严重的灾祸，落个悲惨的结局。

"无德而贿丰，祸之胎也"启示我们，君子爱财取之有道，这个"道"首先就是讲道德，因为道德是获取财富的基础。一个有良好道德品质的人，自然会通过正当途径而去积累财富。比如，北京同仁堂三百多年来一直坚守“炮制虽繁，必不敢省人工；品味虽贵，必不敢减物力”的理念。这种诚信经营的道德准则，使其药品质量有保证，消费者愿意购买其产品，财富也随之而来。相反，那些通过欺诈、偷窃、贪污受贿等不道德手段获取财富的人，其财富根基是不稳固的。所以，我们每个人在追求财富的过程中，必须坚守道德底线，遵循法律法规和社会公德，不能为了获取财富而不择手段；否则，必然会自食恶果。

拓展阅读

《汉书·韦贤传》中说：“遗子黄金满籝，不如一经。”意思是，留给子孙满满一筐黄金，不如教他熟读一种经书。古人为什么会有这样的人生感悟呢？因为黄金再多，总有用完的那一天。但是教育子女读书学习，让他们具备自立谋生的本领和能力，就能受用无穷。林则徐也说：“子孙若如我，留钱做什么？贤而多财，则损其志；子孙不如我，留钱做什么？愚而多财，益增其过。”细细读来，确实是发人深省的。

非德无以建业。

出处

东汉·荀悦《汉纪·高祖皇帝纪》

译文

如果没有高尚的品德，就没办法建立伟大的功业。

解读　《汉纪·高祖皇帝纪》中说："夫帝王之作，必有神人之助。非德无以建业，非命无以定众。或以文昭，或以武兴，或以圣立，或以人崇。"主要强调了德行在建立事业中的重要作用。

为什么说"非德无以建业"呢？在中国人的思想观念中，人品是事业成功之根基，一个人想要成就一番事业，必须有高尚的品德，因为品德高尚方能吸引志同道合的人前来相助。同样，一个君主如果想要成就伟大的功业，也必须具有仁德之品质。三国时期，刘备以仁德而著称。在建立蜀汉政权的过程中，刘备依恃仁德品质吸引了诸葛亮、关羽、张飞等一大批贤才团结在他的周围。在他四处奔波、历经磨难中，始终坚守自己的道德准则，以兴复汉室为目标，这为他凝聚力量、建立基业奠定了坚实基础。还有，唐代的李世民也以"行仁政"著称，他关心百姓疾苦，轻徭薄赋，减轻农民负担，推行均田制和租庸调制，让百姓能够安居乐业。这种勤政爱民的品德使他赢得了民心，为唐朝的繁荣和长治久安奠定了坚实的基础。反之，如果一个人品德败坏，即使一时取得了所谓的"功业"，最终也是难以长久的。商纣王荒淫无道、暴虐残忍，他虽然在统治初期拥有强大的国力，但由于其品德有问题，如沉迷酒色、残害忠良等，导致民心尽失，国家最终走向灭亡。

"非德无以建业"，在强调品德重要性的同时，并非就忽视个人能力的作用。相反，一个人的能力是建立事业的重要条件和基础，二者在成就事业的过程中是相辅相成、相互促进的。品德引导能力的正确使用，能力则是实现品德目标的重要条件。如果没有品德作保障，能力可能会被误用。比如，一个有很强营销能力的人，如果没有道德底线，屡屡通过欺骗消费者来推销产品，可能会迎来产品销量一时的上升，但最终他连同他的产品会被消费者唾弃。

“非德无以建业”启示我们在成长和发展过程中，一定要注重个人品德的培养。人无德不立，业无德不兴。一个人即使能力再强，但如果品德不够，事业是不会长久成功的。当然，提升品德修养是一个持续不断的过程，需要久久为功、持之以恒。

拓展阅读

关于德与业的关系，人们常讲“立身立业，必先养德”，人有德行，才能敬业向上，积极进取；人若无德，就如无根的大树，必将难以成才。清代的张履祥对于德与业的辩证关系进行了深刻阐释。他说：“德者业之本，业者德之著。”这里的“著”就是着落、归属的意思。在张履祥看来，道德是事业的根本，事业是道德的着落，道德是通过事业显示的。德益进则业益修，业益修则德益盛。德与业是相辅相成、相互促进、相得益彰的。

人有厚德，无问其小节。人有大誉，无訾❶其小故。

出处

三国·杜恕《体论》

注释

❶ 訾（zǐ）：挑剔，非议，诋毁。

译文

一个人有高尚的德行，就不要过问其生活的小节；一个人有崇高的声誉，就不要挑剔其小的过失。

解读 《体论》中说："人有厚德，无问其小节；人有大誉，无訾其小故。自古及今，未有能全其行者也。"主要强调的是，在评价一个人时应注重其主要的品德和成就，而不是纠结于细枝末节。这一思想体现了对待别人持有的一种宽容、理解的态度。

俗话说"金无足赤，人无完人"。任何一个人都不可能是十全十美、无可挑剔的。每个人都有自己的不足，但只要高尚、正直，就足以赢得别人之尊重，不可求全责备。比如，《汉书》中说"论大功者不录小过，举大善者不疵细瑕"，也表达了选人、用人、评价人应持有的正确态度。

在人际交往中，一定要学会宽容和理解。每个人都有自己的不足，如果我们能够宽容对待别人的"小过失"，就能够建立更和谐的人际关系。在社会生活中，一个人的品德和声誉往往比短期的成就更重要、更持久，个人应该致力于培养高尚的品德，这不仅能够赢得他人的尊重，也是实现长久成功的关键。当我们专注于培养和提升自己的品德和能力时，也要学会接受自己的不完美，而不是因自己的小缺点而焦虑，这样我们个人的自信也会由此建立起来，有助于更好地发挥个人的长处。同时，这也提醒我们在日常生活中，一定要保持友好、谦逊的态度，不对他人之小过失过于苛责。

"人有厚德，无问其小节。人有大誉，无訾其小故”启示我们，在社会交往中不应以偏概全，不能因为个人的小缺点而否定其整体价值。在学习和生活中，我们既要注重知识积累，也要培养良好的品德。学会从整体上看待人和事，把更多的精力放在未来发展的目标上。要时刻保持谦逊和包容的心态，不能因为一些微不足道的事情就自满或自卑。唯此，才能不断进步，成为品德优秀之人。

拓展阅读

杜恕，三国时期著名的思想家，字务伯，京兆杜陵人；著有《体论》四卷，内容主要为治国之道；另有《笃论》（亦称《杜氏新书》）四卷，内容主要为其生平自叙及杂论。杜恕认为政治的根本在于儒家的仁义，外在则表现为礼，刑名法术是治国的辅助手段，礼乐教化才是治国之本。此外，他还认为君臣关系不能仅仅依靠权术来维系，而是要真诚相待，将彼此的关系建立在儒家伦理情感的基础之上。

在《体论》一书中，杜恕着力探讨的是治国之道的根本问题，全书共分为八篇，具体包括《君》《臣》《言》《行》《政》《法》《听察》和《用兵》。每一篇中，杜恕都深入探讨了治国的要素和根本原则等问题。在这本书中，杜恕还特别强调了仁义之道只有出于真诚动机，得之自然时才有意义，这充分体现了杜恕儒道融合的思想趋势。

勿[1]以恶小而为[2]之，勿以善小而不为。

出处

晋·陈寿《三国志·蜀书》

注释

① 勿：不要。

② 为：做。

译文

不要因为是很小的恶就去做，也不要因为是很小的善就不做。

解读 《三国志·蜀书·先主传》中说：“勿以恶小而为之，勿以善小而不为。惟贤惟德，能服于人。”这篇“传”是蜀汉昭烈帝刘备在白帝城托孤时，留给儿子刘禅的一份遗诏。当时，蜀汉政权正面临内忧外患的形势，刘备深知品德对于君主以及国家政权的重要性，所以，他希望刘禅能够养成良好的道德品质，明白积小善成大善、防微杜渐的道理，通过积累善行来巩固统治，避免因小恶累积而导致国家衰败。

为什么说“勿以善小而不为”呢？“日积一善，终成大德”，小善会累积成大善，小善的力量不可忽视。东汉时期，河南郡有一位贤惠的女子，即乐羊子的妻子。有一次，乐羊子在路上捡到一块金子，回家后就把金子交给妻子。乐羊子的妻子说：“我听说有志气的人不喝‘盗泉’的水，廉洁方正的人不接受他人傲慢地施舍的食物，何况是捡拾别人的失物、谋求私利来玷污自己的品德呢？”乐羊子听后十分惭愧，就把金子重新放回了原处。此后，乐羊子的妻子每天督促丈夫学习，并通过关心邻里等点滴的善举，来营造良好的家庭和邻里氛围。她还鼓励乐羊子去远方求学，当乐羊子中途回家，她以剪断织物的道理告诫丈夫做事不能半途而废。正是在她的督促与影响下，乐羊子终于学成归来，成为有学问、品德高尚之人。所以说，众多小善的积累能够塑造一个人良好的品德形象。

与善相对的便是“恶”，应该做到“勿以恶小而为之”，因为小恶累积带来的危害是极大的。很多时候，许多大的恶行往往是由小恶累积发展而成的。比如，一个人如果开始只是偶尔撒个小谎，觉得无关紧要，但随着时间的推移，可能会逐渐演变成习惯性说谎，甚至为了圆谎而做出更严重的欺骗行为。还有，社会上一些小偷小摸等违法行为，若不加以制止，很可能会发展成严重的犯罪行为。从道德角度看，每一次的小恶其实都是对个人道德底线的一次侵蚀。

“勿以恶小而为之，勿以善小而不为”启发我们，在提升个人修养时，要时刻注意自己的行为，坚守道德底线，积小善而成大善。在社会生活中，人人都要多做好事、多行善举，拒绝不文明行为。唯此，社会秩序会更加井然，人际关系会更加和谐。

拓展阅读

宋代大儒朱熹在《朱子家训》中曾写道：“勿以善小而不为，勿以恶小而为之。人有恶，则掩之；人有善，则扬之。”意思是说，不要认为好事很小就不去做，不要认为坏事很小就去做。别人做了坏事，应该帮助他改过。别人做了好事，应该多加表扬。很明显，朱熹在这里是借用了《三国志》中的“勿以恶小而为之，勿以善小而不为”一语。在善与恶的顺序上，朱熹给调换了前后次序，目的在于教导自己的后人一定要有正确对待他人错误的态度，修身律己是立身处世的根本，强调的是要积小善，成大德，养正气。

一德立而百善从之。

出处

宋·杨时《二程粹言·论道》

译文

美德培养起来了，各种善行就会相应产生。

解读

《二程粹言·论道》中说："一德立而百善从之，一德轻而万恶生焉。德义之人，方成大器。"用非常简洁却又深刻的语言，揭示了品德修养与诸多善行间的紧密联系，说明品德修养的至关重要性。

德为善之基。德是立身之本、做人之基、从政之要。人只有树立起一种核心的美德，才能够引导自己做出各种各样的善举。从道德心理学的角度看，品德是一种相对稳定的心理特征和倾向，当一个人真正树立起高尚品德时，就会影响其认知、情感和行为模式，驱动其去践行道德义务，在各种情境下自然地表现出符合道德的行为。

北宋著名政治家、文学家范仲淹，自幼就树立了仁爱天下的品德。正是在这一崇高品德的驱使下，范仲淹倾尽一生都在为百姓谋福祉。为官期间，他积极推行新政，试图改革吏治、减轻百姓负担；致仕还乡后，他又设立义庄，用自己的俸禄购置田地，以田产收入救济族中贫困之人。还有，"感动中国"年度人物白方礼老人，他的家境并不富裕，但在他心中树立起了一种乐于奉献的品德。白方礼老人蹬了一辈子的三轮车，可以说前半生蹬车为了生活，但后半生蹬车却是为了贫困学生们。在白方礼老人七十四岁高龄时，看到很多贫困孩子上不起学，他决定继续蹬三轮车，挣钱资助贫困学生。在此后近二十年的时间里，白方礼老人先后捐出善款达三十五万元，共资助了三百多名大学生。白方礼老人为学生们送去的每一分钱，都是他用双脚踩出来的，用汗水积攒出来的，非常不容易。

“一德立而百善从之”启示我们，在每个人的成长过程中，必须注重品德的培养，将品德塑造作为个人自我提升的核心内容。因为只有品德立起来了，才可能在生活中去践行善举，成为一个对他人、对社会有益的人。人们常说“道不可坐论，德不能空谈”，锤炼高尚品德绝不是一时之行，而是一世之道，必须常思常进、久久为功；同时，也要以如履薄冰、如临深渊的谨慎之心规范自己的日常言行，让明德唯馨、崇德向善的心灯常明常亮。

拓展阅读

《二程粹言》的编者杨时（1053—1135），字中立，世称龟山先生，是宋代著名的理学家、教育家。他曾先后拜程颢和程颐为师，与谢良佐、吕大临、游酢一起被称为程门“四大弟子”。《二程粹言》是杨时用文言改编的一种“二程语录”，全书共有两卷十篇，分作《论道》《论学》《论书》《论政》《论事》《天地》《圣贤》《君臣》《心性》《人物》。《二程粹言》是宋明理学的一部重要著作，它继承和发展了先秦儒家正统思想，同时又广泛吸收了佛家和道家思想中的一些思辨性因素，从而使理学的理论体系更加系统化，为后来朱熹集理学之大成奠定了坚实基础。

功到成处便是有德，事到济[1]处便是有理。

出处

南宋·陈傅良《止斋文集·致陈同甫书》

注释

[1] 济：成，可以。

译文

当一个人做事取得成功的时候，便体现出了他的品德；当一件事情能够顺利完成的时候，便证明了其中蕴含的道理是正确的。

解读 南宋时期，以陈亮为代表的永康学派主张义利双行，王霸并用，这与以朱熹为代表的性命之学相对立。陈傅良认为陈亮学术思想的主要特点是“功到成处便是有德，事到济处便是有理”，力图使儒家学说切于实用，“开物成务”，这体现的是一种从实践结果来反推品德和道理的思想。

“功到成处便是有德”，主要强调当一个人通过不懈的努力取得成功时，这种成功的过程和结果本身就体现了一种品德。试想，任何一个人要想取得成功，必须具备诸多的优秀品德，比如坚韧不拔的毅力、战胜困难的信心等。在面对现实的困难和挫折时，只有那些有毅力的人才能持之以恒地努力，最终克服困难，实现自己的目标。科学家爱迪生在发明电灯的过程中，就经历了无数次的失败，但他凭借着坚韧不拔的毅力，不断地去尝试新材料、新方法，最终成功发明了白炽灯泡。爱迪生的成功，体现的正是坚韧不拔、勇于探索的品德。

“事到济处便是有理”，强调一件事情能够顺利完成并且达到预期的效果，就说明做这件事的过程中所遵循的方法、理念是符合事物发展规律的，也就是有道理的。实践是检验真理的唯一标准，一件事情是否合理，不能仅仅依靠理论上的推导，更重要的是看在实践中是否能够行得通。战国时期，秦国在经济、政治、军事等方面都落后于他国。秦孝公为了改变秦国的落后面貌，任用商鞅进行变法。商鞅废除世卿世禄制，实行军功爵制，奖励耕织，承认土地私有，推行县制等。变法初期，这些措施遭到秦国旧贵族的强烈反对，但秦孝公坚决支持变法。随着变法的推行，秦国经济迅速发展起来，粮食产量大增，军队战斗力得到提升，逐渐成为战国七雄中实力最强的国家。从这个结果来看，商鞅变法的措施是“有理”的，因为这些措施适应了当时秦国社会发展之需要，使秦国最终走上富国强兵之路，为秦国一统天下奠定了坚实基础。

“功到成处便是有德，事到济处便是有理”启示我们，必须绵绵用力、不断修养自己的品德，因为拥有良好品德是一个人走向成功的重要因素。同时，在立身做事的过程中，也要善于寻找合理的方法与路径，通过反复的实践来检验这些方法的正确性。

拓展阅读

陈亮是南宋永康学派的创始人，比较务实且注重实际效果，多言实务与军事，反对空谈性命义理，曾多次批判朱熹的理论，引起朱熹的不满，为此两方各不相让。在长达数年的论争中，陈亮与朱熹围绕“义利”“王霸”等问题展开论辩。从表面上看，“义利王霸之辩”只是不同学术观点的碰撞，但实际上是秦汉以来儒家精英两种救世济民方略的交锋，涉及的论题涵盖了儒家内圣外王之学的所有方面。

所交在贤德，岂论[1]富与贫？

出处

明·方孝孺《朋友箴》

注释

[1] 岂论：不论，不考虑。

译文

朋友之间的交往，最重要的是看其德行，而不是看其贫穷还是富贵。

解读 《朋友箴》中的这句格言，体现了中国传统交友观中重视品德的思想。事实上，方孝孺主张的这一交友思想，与中国传统文化中的诸多交友理念是相呼应的。比如，《论语·季氏》中提出“友直，友谅，友多闻”等交友原则，都是将朋友的正直、诚信等品德视为关键要素。《庄子·山木》中有“君子之交淡若水，小人之交甘若醴”，强调真正的友谊是建立在高尚品德与精神契合之上，而非物质利益的追逐。

交友必须注重其品德。一个具有贤德品质的朋友，能够在精神上给予对方支持，在行为上提供正确的引导，并且在困难时值得信赖。比如，历史上的管仲和鲍叔牙相交，堪称交友之典范。鲍叔牙深知管仲的贤德和才能。管仲家境贫寒，鲍叔牙并不因此而看轻他。两人一起做生意时，管仲多拿了一些钱财，鲍叔牙理解他是因为家庭贫困需要补贴家用。后来，管仲在政治仕途上遭遇挫折，鲍叔牙依然全力支持他，向齐桓公举荐管仲，最终管仲成为一代名相。他们的友谊是基于对彼此贤德和才能的认可，而不是取决于财富的多寡。

交友中要避免不良交往。现代社会多元、复杂，物质财富差距客观存在，如果我们以财富作为交友之标准，很可能会结交到一些只看重金钱利益的“酒肉朋友”。这些人在你富裕时，可能会围在你身边，但一旦你遭遇经济困境时，就会离你而去。相反，如果我们以贤德作为交友标准，自然就能够过滤掉这类不良的交往对象，使自己的社交圈子更加健康。

“所交在贤德，岂论富与贫”启示我们，在交友过程中必须保持清醒的头脑和正确的价值观，意识到财富并不能衡量一个人的价值和道德感。当我们面对不同类型的人时，应该坚持以贤德作为交友的首要标准。友谊建立之后，朋友之间应该互相鼓励，共同提升。同时，我们自身也要注重品德修养，成为他人值得结交的贤德之友。

拓展阅读

人们常说，“物以类聚，人以群分”。交友也是一门学问，必须慎重选择。习近平总书记在《用权讲官德　交往有原则》一文中明确指出：“对于领导干部而言，人情之中有原则，交往当中有政治。身为领导干部，一定要严格交友的原则，慎交友、交好友，哪些人该交，哪些人不该交，应该心中有杆秤。要纯洁交友的动机，从工作出发，从事业出发，从党和人民的利益出发，以德会友，多与普通群众交朋友。要升华交友的境界，时刻坚持原则，保持清醒头脑，不能忘记自己党员干部的身份。”其实，不仅对于领导干部来说要慎交友、交好友，对我们每一个人来说也是如此。在我们的日常生活中，一定要多交诤友、益友，坚决不交酒肉朋友。

人可以有德，而不可恃[1]其德。

出处

明·方孝孺《逊志斋集·深虑论》

注释

[1] 恃：依赖、依靠。

译文

人应当有高尚的品德，却不可以自恃有德而骄纵。

解读 《逊志斋集·深虑论》中说："人可以有德，而不可恃其有德；可以有才，而不可恃其才；恃之所生，祸之所萃也。"所强调的是人们对待品德应该持有一种理性态度。

品德对个人有重要作用。一个人拥有良好的品德，足以让其一生受用不尽。心地善良的人，在帮助他人的过程中，看到他人因自己的帮助而摆脱困境，内心就会涌起欣慰和愉悦之感，这是一种源自精神层面的自我满足，并非物质所能替代的。同样，在人际交往中，品德高尚的人更容易赢得他人的尊重、信任和喜爱，也更容易建立起深厚且真挚的人际关系。在社会中，众多品德高尚的人会聚在一起，有助于营造良好的社会风气，推动整个社会和谐、有序地发展。

范仲淹出身贫寒，深知民间疾苦，但他自幼勤奋好学，心怀天下，一生都在践行着自己的道德理念。在他富贵之后，购置义田，救济家族中的穷人；兴办学校，让更多的人有机会接受教育；在地方为官时，积极兴修水利、减轻赋税等，为百姓谋福利。有德必有福，他的子孙后代人才辈出，范氏家族延续数百年而不衰。可见，范仲淹的高尚品德与善举，不仅为范氏家族带来了绵远悠长的福泽，而且为社会的发展进步和文化传承作出了巨大贡献。

但是，人如果恃德，则容易滋生傲慢，因为人一旦倚仗自己有品德，就很容易自高自大、目空一切，或者借此去要求别人、索取回报，甚至把品德作为一种炫耀的资本。品德应当是内化于心、外化于行的自然修养，而不是用来获取特殊待遇或者凌驾于他人之上的工具。

“人可以有德，而不可恃其德”启示我们，要积极培养和践行良好的品德；同时，也要时刻保持谦逊的态度，认识到品德修养的提升是一个持续不断的过程，不能恃德而傲物。应该把关注的重点放在持续用高尚品德去影响他人、帮助他人上，而非沉醉在已有的品德成就里炫耀自我。

拓展阅读

方孝孺（1357—1402），字希直，又字希古，人称“正学先生”，浙江宁海人，明初学者。《逊志斋集》是方孝孺现存较为知名的一部著作，全书共二十四卷，包括“杂著”八卷、“书”三卷、“序”三卷、“记”三卷、“题跋”一卷、“祭文”“诔”“哀辞”一卷、“行状”“传”一卷、“碑”“表”“志”一卷、“古体诗”一卷、“近体诗”一卷。方孝孺在《深虑论》中列举了历代兴亡的史实，指出历代君王仅片面地吸取前代灭亡的教训而忽略了另外一些被掩盖的问题，却将原因归结为非人智能所虑及的天意，提出“祸常发于所忽之中，而乱常起于不足疑之事”的观点，目的在于给明代统治者提供历史教训，使之“深虑”长治久安的道理，并采取相应办法。

积德者不倾[1]，择交者不败。

出处

清·金缨《格言联璧·惠吉类》

注释

1 倾：倾覆。

译文

积德行善的人行为正直，慎重择友的人会立于不败之地。

解读 《格言联璧》中说："读书者不贱，力田者不饥。积德者不倾，择交者不败。"意思是说，读书的人品格不会低下，辛勤耕耘的人不会遭饥饿，积德的人行为正直，谨慎选择朋友的人不会失败。在这四条告诫中，择交益友之人不会失败是总纲与要领。清朝"父子宰相"张英、张廷玉在《父子宰相家训》中完全赞同这一观点。张氏父子认为选择正直、有德的朋友，不仅能够相互砥砺，共同进步，还能在面对困难和挑战时，得到支持和帮助，从而在人生道路上立于不败之地。

所谓"积德者不倾"，强调的是积累德行的人不会垮台。一个人如果注重自身品德的修养，多做善事，积累良好的德行，那么他在面对各种困难、挫折或诱惑时，就更有能力保持自身的稳定和正直，不至于走上邪路而导致身败名裂。范仲淹一生清正廉洁，注重品德修养，心系天下百姓。在为官期间，他积极推行改革，帮助百姓改善生活。尽管在仕途上遭遇挫折，但他始终坚守自己的道德底线，没有被各种利益所诱惑，最终赢得了人们的尊敬。

为何"择交者不败"呢？因为朋友对一个人的影响是巨大的，正所谓"近朱者赤，近墨者黑"。如果我们能够选择与品德高尚、志同道合的人交往，那么在这样的益友影响与帮助下，就更容易取得成功。比如，三国时期的刘备，为人宽厚、仁德，在交友方面颇有眼光。他结识了关羽和张飞两位朋友并在桃园结义，关羽和张飞二人忠诚而勇敢，他们勠力同心，共同为兴复汉室而努力。在刘备的事业发展过程中，这两位朋友发挥了极为重要的作用。

“积德者不倾，择交者不败”启示我们，一方面必须加强自身品德修养。品德犹如大厦之基石，是人生安稳之保障。努力让自己成为一个诚实守信、关爱他人、乐于助人、积极参与社会公益活动的人。另一方面要善于结交品行端正的贤良之人，这样才能有助于朋友之间在知识上相互切磋，在品德上相互砥砺，在困境中相互扶持，共同成就美好的未来。

拓展阅读

《格言联璧》是由晚清学者金缨所编著的一部格言汇编。此书条分缕析，汇集了先贤警策身心之语句，有垂后人之良范的意义。全书分为学问、存养、持躬、摄生、敦品、处事、接物、齐家、从政、惠吉、悖凶等共十一类，以“诚意”“正心”“格物”“致知”“修身”“齐家”“治国”“平天下”等主要内容为框架，是一座包罗万象的格言宝库。对人们修身养性、处事做人、治家从政都很有借鉴价值和启示意义。其中，《惠吉类》主要包含关于积累德行、善行和智慧的格言，重在强调善行和德行对于个人成长和社会发展的重要意义。

三　美德与健康

地势坤[1]，君子以厚德载物。

出处

《周易·坤卦》

注释

❶ 坤：大地。

译文

大地孕育了万物，博大精深；君子应效法大地，以宽厚的德行负载万物，担当大任。

解读

“天行健，君子以自强不息；地势坤，君子以厚德载物。”意思是说，君子应该像天道那样，不断自我完善，奋发图强，在追求进步的路上永不止步；而大地气势厚实和顺，君子应效法大地，以深厚的德行承载万物、包容万物、滋养万物。它主要强调的是君子应具备刚健进取的精神和宽厚包容的品德。

大地拥有宽厚包容的品质。大地广袤无垠，能够包容一切。作为君子，应该对不同的观点、行为和人都能予以接纳。君子应该学习大地承载担当的精神。大地承载万物的重量，默默承担着责任。在面对困难和问题时，君子不会逃避，而是像大地支撑万物一样，用自己的品德和能力去承担责任，为他人遮风挡雨。在国家遭遇危机时，有担当的君子会挺身而出，为国家和人民作出自己的贡献。君子还应该像大地一样去滋养万物、奉献社会。大地滋养了万物的生长，为生命提供物质基础。同样，我们每个人都应该用自己的知识去教导他人、用自己的善良去温暖他人。

在现代社会中，大地一般厚德载物的思想，可以理解为个人应当具备的一种包容和谦逊的品质。它不以自我为中心，而是能够考虑到他人和社会的需要。在家庭生活中，我们应该要包容家人的小缺点，以爱和理解去维系家庭的和睦；在社交中，我们也同样要包容朋友的过错，珍惜友谊。此外，每个人还要不断提升自己的品德修养，使自己有足够的“厚度”去应对生活中的各种挑战，去处理各种复杂的人际关系，像大地一样沉稳、包容。

“自强不息”体现的是君子的积极进取精神，而“厚德载物”侧重于君子品德的宽厚包容性。所以，“自强不息”与“厚德载物”是相辅相成、相互促进的。一个人既要积极向上、努力奋斗，又要以宽容善良的品德对待他人与世界，这样才能在个人成长和社会交往中达到平衡。

拓展阅读

“厚德载物”是中国哲学的基本精神，塑造了中华文明宽厚博大、求真务实的精神风貌；也已积淀成为中华民族的重要精神特质与文化品格，是中国人为人处世、治国理政的重要原则。习近平在庆祝改革开放 40 周年大会上的讲话中指出：“自古以来，中华民族就以‘天下大同’、‘协和万邦’的宽广胸怀，自信而又大度地开展同域外民族交往和文化交流，曾经谱写了万里驼铃万里波的浩浩丝路长歌，也曾经创造了万国衣冠会长安的盛唐气象。正是这种‘天行健，君子以自强不息’、‘地势坤，君子以厚德载物’的变革和开放精神，使中华文明成为人类历史上唯一一个绵延 5000 多年至今未曾中断的灿烂文明。”

君子以俭德❶辟❷难。

出处

《周易·否卦》

注释

❶ 俭德：节俭的品德。

❷ 辟：通“避”，避免。

译文

君子用俭朴的德行来避免危难。

解读

《周易·否卦》中说："君子以俭德辟难，不可荣以禄。"意思是说，君子应以节俭的德行来避免危难，而不是追求外在的荣华和俸禄，强调了在逆境中保持节制和德行的重要性，提倡君子应当以内在的品德和节俭的生活方式来抵御外界的诱惑和困难。节俭是中华民族的传统美德之一，在修身、齐家、治国、平天下中，节俭是人们必备的美好品质和道德要求。诚如《左传》中所言，"俭，德之共也；侈，恶之大也"。

俭以养德。从个人层面上说，节俭的品德首先体现在对物质财富的合理使用上。拥有俭德之人，不会过度追求物质享受，他们懂得珍惜资源。同时，节俭还有助于人内心的平静，不会被物质欲望所左右，能够把更多的精力投放到精神追求上。从社会层面上说，提倡俭德有助于社会资源的合理分配。试想，如果我们每个人都讲求节俭，那么整个社会资源就可以得到更有效的利用，避免资源的过度消耗和浪费。当然，俭德也是一种良好的社会风尚，它有助于带动整个社会的道德进步。在一个崇尚节俭的社会中，人们更注重的是精神价值，而不是单纯地攀比物质财富。

中国历史上，我们看到有许多的贤能之士都以俭德避祸。唐代宗时期，郭子仪战功赫赫，在平定安史之乱等诸多战役中力挽狂澜，为大唐基业的稳定与巩固立下汗马功劳。郭子仪虽位极人臣，却始终秉持节俭之德，家中陈设十分朴素，不奢华张扬，饮食也非常简单。试想，在那样一个权力更迭、政治斗争波谲云诡的时代，有很多的功臣名将往往自恃功高而过着奢靡的生活，遭受猜忌陷害，最后不得善终。而郭子仪能保全其身，郭氏家族的荣耀得以延续，部分因俭朴低调的生活态度，使自己避开了因功高名盛而可能引发的君主猜忌、同僚嫉妒等灾难，这正体现了"君子以俭德辟难"的智慧。

"君子以俭德辟难"启示我们，在面对各种诱惑和挑战时，应当坚守内心的道德准则和节俭的生活态度，不因外在的名利而迷失自我，鼓励人们在物质和精神上保持平衡，追求一种更加健康和可持续的生活方式。同样，在资源环境渐趋紧张的背景下，人们提倡节约资源，反对铺张浪费；倡导节约型社会建设，从而有效减少了社会资源浪费，提高资源利用效率。当人们不再以物质财富作为衡量成功的唯一标准时，节俭之风渐兴，公民的心理健康和社会风气会更加健康向上。

拓展阅读

节俭既是中华民族的传统美德，也是我们党的优良作风。无论什么时候，我们都必须把"节俭朴素，力戒奢靡"的传家宝传承好。习近平总书记在2021年中央党校（国家行政学院）中青年干部培训班开班式上的讲话中指出："现在，我们生活条件好了，但艰苦奋斗的精神一点都不能少，必须坚持以俭修身、以俭兴业，坚持厉行节约、勤俭办一切事情。"

不恒[1]其德，无所容也。

出处

《周易·恒卦》

注释

[1] 恒：长久地保持。

译文

不能长久地保持其德行，反复无常，无人信任，必然落得无所容身的地步。

解读 “不恒其德，无所容也”是《周易·恒卦》对九三爻卦象的解释。一个人如果不能始终如一地保持良好的品德，就无法被他人所容纳，也难以在社会上立足。强调了品德修养的恒定与连贯的重要性。无论是在社会交往中，还是在日常生活中，我们每个人都需要有稳定且持续的道德准则与行为表现；如果品德表现时好时坏、摇摆不定，那就会失去他人的信任与尊重，最终陷入孤立无援的境地。

良好品德具有持久性与稳定性，它不是一时之冲动或短暂行为之表现，而是一种长期的、稳定的行为和价值取向。一个拥有良好品德的人，无论身处何种情况下，都能坚守自己的道德原则。

《论语·子路》中说：“人而无恒，不可以作巫医”，“不恒其德，或承之羞”。意思是说，人如果没有恒心，就不可以做巫医；不能长期坚持自己的德行，就会遭受羞辱的。试想，如果一个人不能恒守其德，就会逐渐失去他人的信任和尊重。在社会交往中，信任是建立良好关系的基础。如果一个人反复无常，一会善良正直，一会为了私利而不择手段，周围的人自然就会对他产生怀疑，不愿意与他交往，最终导致他在社会中难以立足。

东汉末年的吕布，虽然武艺高强，但品德操守却极不稳定。他先后投靠丁原、董卓等人，为了利益而反复无常，背叛旧主。这种不恒其德的行为，使当时的诸侯豪杰都对其心存疑虑，不敢真心接纳他。尽管他有一身的本领，却在诸侯纷争的乱世中四处碰壁，最终落个身败名裂的下场。所以说，一个缺乏恒定品德的人，是无法在社会关系网络中找到立足之地的。

“不恒其德，无所容也”启示我们，要强化对“恒德”重要性的认识，通过树立正面典型，引导广大民众形成稳定的道德观念与行为习惯。在国际交往中，我们始终秉持和平共处、平等互利的外交原则，以品德和实力赢得他国的尊重与信任，树立了良好的国际形象，提升了我国的国际影响力。

拓展阅读

《易经·恒卦》是六十四卦中的第三十二卦：“恒。亨，无咎，利贞。利有攸往。”意思是说，要坚持、恒定、有恒心，这样才能获得亨通。在中国古代，“恒”德历来为各家所推崇，尤以儒家为甚。孟子曾提出过“恒产”与“恒心”的说法。如《孟子·滕文公上》说：“民之为道也，有恒产者有恒心，无恒产者无恒心，苟无恒心，放辟邪侈，无不为已。”荀子在《劝学》中也阐释了“学贵有恒”的思想，如“锲而不舍，金石可镂”，“积土成山，风雨兴焉；积水成渊，蛟龙生焉；积善成德，而神明自得”等。可以说，恒心乃成功之本，一个人要想做成事情，关键就在于锲而不舍、脚踏实地地坚持下去。

君子以顺德[1]，积小以高大[2]。

出处

《周易·升卦》

注释

[1] 顺德：顺从仁德，指遵循道德规范和仁义之道。

[2] 高大：高尚的品德和伟大的事业。

译文

君子应该效法树木的生长，每天不断地修炼自己的品行，积累小的善行，以成就高尚的品德和伟大的事业。

解读 《周易·升卦》中说："《象》曰：地中生木，升。君子以顺德，积小以高大。"这里主要强调了道德修养是一个渐进的过程，需要从点滴小事做起，持之以恒地积累，方能达到高尚的境界。自然界中的树木生长是一个日积月累、循序渐进的过程；同样，人的道德修养提升也是一个渐进的过程，急于求成不得，应该像树木一天天长大长高一样，要从一点一滴小事做起，不断加强自己的品行修养，才能积小德以成大德，形成崇高的德行。

中国历史上有许多的仁人志士，其成长历程就很好地诠释了这一理念。舜帝出身平凡且历经磨难，但他始终坚守孝悌之德，在日常生活中，无论是对待家人还是处理部落事务，都从细微之处践行善德。从耕种劳作时与邻里和睦相处，到在部落中公正地解决纷争，他不断积累德行与威望，最终被尧帝赏识并禅位，成为一代圣君，这也正契合了通过积累小善成就大事业与崇高品德的思想理念。

现代社会中，人们倡导品德建设与个人持续发展的理念。其实，在一个人的成长中，无论是学业的进步，还是职业的发展，都需要一步一个脚印地积累知识与技能。其中就需要我们"日三省吾身"，时刻反省自己，清楚地认识到自己所处的位置和脚下所走的路，唯此才能一步一个脚印地前进，每天读书学习，不断增长知识技能、培养美德、与朋友真诚相待，严谨认真地对待每一个细节，才有可能在自己的专业领域取得重大突破，实现量变到质变的飞跃，这与“积小以高大”是相符合的。

在社会层面，我们时刻能感受到对“积小成大”风气传播的鼓励。每年“感动中国”人物评选中，那些来自平凡岗位却做出不平凡事迹的人，他们以自身的社会责任感、奉献精神等品德逐渐成为社区乃至更大范围内的道德榜样，体现的也是从点滴善举积累成高尚品德与较大社会影响力的过程，激励着更多人参与到社会道德建设中来，促进全社会道德水平的整体提升。

拓展阅读

关于积小以成大的思想主张，在中国传统经典文献中多有提及。比如，《道德经》中说：“合抱之木，生于毫末；九层之台，起于累土；千里之行，始于足下。”《荀子·劝学篇》有：“积土成山，风雨兴焉；积水成渊，蛟龙生焉；积善成德，而神明自得，圣心备焉。故不积跬步，无以至千里；不积小流，无以成江海。”李斯在《谏逐客书》中也写道：“是以泰山不让土壤，故能成其大；河海不择细流，故能就其深。”这些名言警句均表达了积少成多的理念，通过注重日常的积累，最终能够取得伟大的成就。

太上[1]有立德，其次有立功[2]，其次有立言。

出处

《左传·襄公二十四年》

注释

❶ 太上：至高无上。

❷ 立功：建立功业。

译文

太上之人立德以垂范后世，其次立功以恩泽后世，其次立言以扬名后世。

解读 《左传·襄公二十四年》中说："太上有立德，其次有立功，其次有立言，虽久不废，此之谓不朽。"鲁国的叔孙豹与晋国的范宣子围绕什么是"不朽"的问题展开了激烈讨论。范宣子认为，他的家族世世代代受封为贵族，这就是不朽。叔孙豹则提出了"太上有立德，其次有立功，其次有立言"的"三不朽"观点，认为唯有个人的品德、功绩和言论才是真正不朽的事物。孔颖达在《春秋左传正义》中，对立德、立功、立言分别做了阐释，指出"立德谓创制垂法，博施济众"，"立功谓拯厄除难，功济于时"，"立言谓言得其要，理足可传"。

中国历史上诸多有志向的知识分子都将"立德、立功、立言"作为奋斗目标。这"三不朽"的目标赋予了人生以新的意义和价值追求，成为中国古代知识分子实现人生价值、理想的最高境界。值得注意的是，在立德、立功、立言"三不朽"中，"立德"是排在第一位的，被视为最高境界，它要求个人要具备高尚的道德品质，如诚信、仁爱、公正等，这些优秀品质是社会和谐与进步的基石。一个有道德的人，定能做到以身作则，影响和激励周边的人，从而在社会上树立起正面的榜样。"立功"居于第二层次，强调的是个人对社会的实际贡献，包含在政治、经济、科技、文化等各个领域取得的卓越成就。立功不仅是个人的荣耀，更对社会的发展进步起到助推作用。

"立言"居于第三位，强调的是一个人在社会上能提出有深远影响的思想、理论和著作。历史上，有许多伟大的思想家、文学家，以他们的言论、著作为社会立言，这些思想具有跨越时空、穿越千年的伟力，承载着先人的思想智慧，启迪影响着后人的思想观念。比如，儒家经典所传达的仁爱、礼义等思想，两千年来一直是中国人做人做事的基本价值理念。这些思想能够启迪人心，传播智慧，通过立言而传承，塑造了中华民族的精神特质和价值认同，对后世产生了广泛而持久的影响。

"三不朽"的思想启示我们，不要虚度人生，应该在有限的生命中追求更高层次的价值实现，让自己的存在对社会、国家和人类发展有更长久的意义。立德、立功、立言"三不朽"，既是我们实现人生价值之目标追求，也是社会和谐与进步所依恃的重要道德基石。

拓展阅读

《左传》全名为《春秋左氏传》，是中国古代第一部叙事详细的编年体史书。它与《春秋公羊传》《春秋穀梁传》合称为"春秋三传"，主要记载了春秋时期（前770—前476）各国的政治、军事、外交等方面的活动及有关言论。《左传》是研究春秋时期历史的重要文献，它所记载的历史事件和人物事迹，为后人提供了丰富的一手史料。同时，在史学方法上，《左传》编年体的叙事方式为后世史书的编写提供了范例。

德厚者流[1]光[2]，德薄者流卑[3]。

出处

《穀梁传·僖公十五年》

注释

❶ 流：影响。

❷ 光：通“广”，广大。

❸ 卑：低劣。

译文

品德高尚的人会留下深远的影响，德行浅薄的人影响低劣。

解读

《穀梁传·僖公十五年》中说："故德厚者流光，德薄者流卑。是以贵始，德之本也；始封必为祖。"这里主要表达的是品德高尚之人，其影响深远广大，如同光芒传播得很远；反之，德行浅薄的人，影响范围狭窄且低下，像光线微弱只能照射到近处。所以说，品德的高下与影响力的大小之间紧密相连；品德如同光源，其深厚程度决定了其所能辐射的范围与持久度。

德厚者影响深远。品德高尚的人往往能在社会上赢得良好声誉，这种声誉会随着时间和空间的延伸而进一步传播。周公辅佐周武王建立周朝，在武王去世以后，他又尽心竭力地辅佐成王。而后，周公制礼作乐，建立起一套完善的礼仪制度，规范了社会秩序，为周朝数百年的政治统治奠定了坚实基础。周公的德行不仅在当时得到周朝臣民的敬仰与爱戴，而且其影响力跨越了时空，成为后世儒家所推崇的道德楷模，被历代仁人志士所学习效仿。周公的事迹充分体现了"德厚者流光"的道理，其高尚的品德如同一盏明灯，照亮了中国古代社会的道德前行之路，在历史的长河中持续散发着光辉。

为何"德薄者流卑"呢？因为道德浅薄之人，往往只关注自身的利益，他们的行为可能会在短期内给自己带来一些好处，但这种影响是难以持久的。比如，北宋宰相蔡京，其为人狡黠，善于迎合皇帝，谋取私利。他在为官期间，结党营私，排除异己。为了满足宋徽宗的奢侈需求，蔡京大肆搜刮民脂民膏，导致百姓生活困苦，社会矛盾激化。蔡京虽一时得势，但他的所作所为很快就激起了民愤，最终因道德败坏而臭名昭著。蔡京完全是一个负面形象的代表，随着历史的发展而被人们所唾弃，这也体现了“德薄者流卑”的道理。

从国家层面上看，只有德厚的国家才能在国际上立足并树立良好形象。中国在国际交往中始终以“厚德”为基石，秉持和平共处五项原则，积极参与全球治理，在国际援助、环境保护、人道主义救援等方面发挥积极作用。比如，中国在非洲的援助项目，不仅帮助非洲国家建设基础设施、发展经济，还注重技术转让与人才培养，这种无私的援助充分体现了中国的大国担当与德厚风范。

拓展阅读

《穀梁传》即《春秋穀梁传》的简称，是为《春秋》一书所作的注解。传说子夏将这部书的内容口头传给谷梁赤，谷梁赤便将其记录下来而成书。但实际上，这部书应该是孔门讲习《春秋》的若干代学者集体的论议，整理编著成书不晚于汉初。

《穀梁传》采用问答体，逐字或逐层解释《春秋》，重点在阐述经义即《春秋》的政治意义，是研究儒家思想从战国时期到汉朝演变的重要文献。

处其厚①，不居其薄②；处其实，不居其华。

出处

《道德经》第三十八章

注释

① 厚：敦厚。

② 薄：浅薄，指“礼”。

译文

保持敦厚朴实的品性，不要趋于浅薄虚华；要处在真实的境地，而不要居于表面的华丽。

解读　《道德经》第三十八章中说："前识者，道之华，而愚之始。是以大丈夫处其厚，不居其薄；处其实，不居其华。故去彼取此。"格言体现了老子对品德修养和为人处世方式的一种深刻见解。

为什么要"处其厚，不居其薄"呢？"厚"代表着一种淳厚、宽厚、深厚的品质，拥有此种品质的人，内心善良、宽容且有深度。"薄"表示浅薄、刻薄、淡薄等负面的品质，一个刻薄的人往往会言语尖锐，缺乏宽容和理解。老子主张要选择"处其厚"，这是因为淳厚的品质有助于建立良好的人际关系和社会秩序。当人们都以宽厚之心对待彼此时，整个社会自然就会减少矛盾与纷争。相反，"居其薄"则会引发诸多问题，容易伤害他人的感情，引起他人的反感，最终也会使自己陷入孤立的境地。

为什么要"处其实，不居其华"呢？"实"代表着真实的事物或实在、朴实的品质，在生活中体现为脚踏实地做事、真诚待人，不弄虚作假、虚情假意。"华"则是指华丽、浮夸、虚华的外在表现，一些人只注重表面的形式，追求华丽的外表、虚荣的头衔，而忽视了内在的真实。老子提倡要"处其实"，这是因为真实和实在是长久之道。只有脚踏实地地生活和工作，才能在实践中真正积累知识、经验和财富。同时，老子还强调要"不居其华"，这是对人们的一种警醒，如果过于追求虚华的东西，最终可能会因为缺乏真实的根基而失去一切。

《论语》中讲到，颜回能够安贫乐道，不追求外在的功名利禄，专注于自身品德的修养和对学问的追求，体现的正是这种“处其厚，不居其薄；处其实，不居其华”的精神。这也启示我们，在充满诱惑的现代社会中，一定不要被表面的浮华和浅薄的价值观所迷惑，应该坚守自己内心的善良、宽容和真实，要以真诚和宽厚的态度去对待他人和社会，避免有虚情假意或刻薄的言行。

拓展阅读

季羡林是我国著名的学者，学术成就斐然。尽管社会上存有诸多浮夸之风和追名逐利现象，但是季羡林先生却始终保持着一种低调谦逊的态度，这也体现了季羡林先生“厚”与“实”的处事原则。他“处厚不居薄”，为人宽厚真诚、和蔼可亲，对待学术非常严谨认真，有着高尚的人格魅力；他不去追逐那些虚浮的头衔和表面的荣誉。同时，季羡林先生又“处实不居华”，几十年如一日，从事梵文、吐火罗文等艰深领域的学术研究，注重实际的学术成果。虽然在生活中，季羡林先生简单朴素，不讲究外在的奢华，但是他把自己全部的精力与心血都放在实实在在的学术研究和品德修养上，给我们树立了一个学习的榜样。

重积德则无不克[1]。

出处

《道德经》第五十九章

注释

1 克：克服。

译文

重视积德，就没有什么不能克服的。

解读 《道德经》中说："重积德则无不克，无不克则莫知其极，莫知其极，可以有国。有国之母，可以长久。是谓深根固柢，长生久视之道。"意思是说，如果一个人高度重视并不断积累自身的品德修养，那么他在面对生活中的各种挑战与诱惑时，都能够凭借内心的品德力量去克服。所以，这里主要强调了积累德行对个人应对困难、达成目标等有强大助力作用。

为什么"重积德"就会"无不克"呢？德者，"道"之形也。顺应大道的行为就是积德。老子认为，通过节俭、爱惜，可以为许多事早做准备，这种准备就是不断地积累德行。当一个人或国家重视并积累了足够的德行，就没有克服不了的困难，也就是"无不克"。同时，良好的品德也能赋予人强大的内心定力与精神韧性，使其在保持身心和谐健康的路上顺利前行。当一个人将德内化于心并持续积淀时，就如同给自己的心灵构建了坚固的堡垒，无论是外界的物质诱惑，还是自我不良情绪的侵袭，都难以动摇其内心的平静与健康。

孔子对弟子颜回的评价非常高。颜回安贫乐道，身处简陋的生活环境，"一箪食，一瓢饮，在陋巷"，却始终坚守谦逊、好学、乐道等诸多美德。他不为物质匮乏而忧虑，将精力专注于对学问和道德的追求。这种对德的执着追求使他内心宁静平和，拥有积极乐观的心态。颜回以自身行为诠释了重积德对个人在困境中保持健康心态与精神境界的意义。即便物质条件有限，我们也能凭借践行美德以克服内心的困扰与外界的压力，实现精神的富足与身心的安康。

现代社会倡导心理健康的维护与积极生活态度的培养，这与重积德的理念是完全相契合的。所以，“重积德则无不克”启示我们，在快节奏、高压力的现代生活中，在面对职场竞争、复杂人际关系等诸多挑战时，应该去不断积累德行，让自己的内心变得更加坚韧和强大，唯此才能够以平和的心态去应对挑战，以宽容的胸怀去理解他人，以冷静的心态去从容地思考，找寻解决问题的最佳途径。

拓展阅读

《道德经》又称《老子》或《老子五千文》，全书共八十一章，五千余言，分为上下两篇，是春秋时期老子所著的一部哲学著作，其核心思想包括“无为而治”“道法自然”“柔弱胜刚强”等，强调人应顺应自然规律，以无为的态度处理世事，以达到和谐与平衡。《道德经》全书分为“道经”和“德经”两部分。其中，前者主要论述“道”的哲学概念，后者则侧重于“德”的实践意义。所谓“道”，书中所指的是宇宙万物的本源和运行规律，而“德”则是个体在遵循“道”的过程中所表现出的品德和行为。《道德经》对中国哲学、历史、政治等诸多方面，都产生了极为深远且持久的影响，是中国传统文化经典的瑰宝。

知❶者乐，仁者寿。

出处

《论语·雍也》

注释

❶知：通“智”，即智慧。

译文

明智的人生活快乐，仁德的人生命长久。

解读 《论语·雍也》中说：“知者乐水，仁者乐山；知者动，仁者静；知者乐，仁者寿。”这是孔子对于“智者”和“仁者”两种不同高尚人格境界的具象描述。

所谓“知者”，就是指那些有智慧之人，他们像水一样灵动，善于观察、思考和学习，能够灵活地应对各种复杂的情况。“知者乐”，主要因为他们以思考和探索新知识为乐，能够在不断的求知过程中获得内心的满足和愉悦。从另一个角度看，智者能够明辨是非，在复杂的社会环境和人际关系中，他们凭借自己的智慧能够作出正确的判断，并且巧妙地处理问题，从而避免了很多烦恼和困惑，所以他们能够保持一种乐观、快乐的心态。

所谓“仁者”，就是指有仁德的人，他们像山一样沉稳、宽厚，心怀仁爱之心，能够关心他人、体谅他人，内心充满善良和慈悲。这种仁德的品质使得他们心境平和，没有过多的嗔怒、嫉妒等负面情绪。“仁者寿”，主要在于仁者的内心平静、善良，有助于身体的健康，能减少心理压力带来的疾病风险。他们的人际关系往往比较和谐，能够得到他人的尊重和关爱，这样的生活环境也有利于延年益寿。《礼记·中庸》中也说：“大德必得其位，必得其禄，必得其名，必得其寿。”这里所说的“大德”，主要指那些仁爱、善良、宽厚、正直等诸多优秀道德，认为有大德的人，必定能得到他应得的寿数。

从文化价值看，“知者乐，仁者寿”体现了儒家对于理想人格的追求。人们不仅要有智慧，还要有仁德，这两种品质是相互补充的。在中国传统文化中，它引导人们注重自身品德修养的培养，追求一种更高层次的精神境界。

在现代社会，“知者乐，仁者寿”仍然有重要启示意义。对于个人来说，在竞争激烈的现代生活中，我们需要有智慧来应对工作和学习中的各种挑战；也需要有仁爱之心来处理人际关系，构建和谐的社会环境。同时，它也提醒我们要注重心理健康，保持乐观积极的心态和善良的品德，从而生活得更加充实。

拓展阅读

关于智者和仁者之比较，《论语》中提出“知者乐水，仁者乐山”的观点。孔子用山给予和不求回报的特点象征有仁德的人的品德，用水柔弱却无所不达象征智者的品格。在孔子看来，山高大巍峨，草木繁茂，鸟兽成群，给人们提供取之不尽、用之不竭的资源，可它却不从人们那里索取任何东西，这就是仁者乐于见到山的原因。同时，水滋润万物的生命而出乎自然，流向低处，蜿蜒曲折却有一定方向；汹涌澎湃没有止境，即使跌进万丈深渊，也毫不畏惧，奋勇向前；柔弱却又无所不达，这就是智者的品格。

大德不逾①闲②，小德出入可也。

出处

《论语·子张》

注释

① 逾：超越、越过。

② 闲：本义为栅栏，引申为界限、规矩。

译文

重大的品德原则不能违背，小的生活细节可以有点滴出入。

解读 “大德不逾闲，小德出入可也”一语主要表达了子夏对于“大德”与“小德”的看法。何为“大德”？在儒家看来，主要是指那些根本性的道德原则，如忠诚、正义、仁爱等核心价值观。何为“小德”呢？则指那些次要的、细节性的行为规范。这实际上反映的是儒家在道德评判上的一种观念。

儒家强调道德的重要性，但鉴于人的行为具有复杂多样性，所以在坚持大的道德原则前提下，对于一些细枝末节的行为没有必要苛求。比如，在关乎正义、忠诚等大是大非的问题上，一定要坚守原则；而在一些诸如个人生活习惯、日常小礼节等方面，如果偶尔出现不符合规范的情况，也是可以被宽容对待的。

三国时期的曹操，坚守用人唯才的“大德”原则。在身处乱世的背景下，统一天下、结束纷争便是当时最重要、最迫切的任务。所以，为了这个目标，他不拘一格吸纳人才。当时有个叫郭嘉的人，此人行为举止比较随性，不太注重传统的繁文缛节，生活作风散漫，甚至饮酒无度。但在曹操看来，郭嘉有军事谋略的才华，这些生活作风方面的“小德”问题是可以容忍的，认定郭嘉能在争夺天下的大业中发挥关键作用。唐太宗李世民认为，治国安邦是当时的“大德”，也深知纳谏对国家治理的重要意义。所以，在国家治理的“大德”层面上，他一直虚心听取魏徵等大臣的谏言。魏徵性格耿直，有时进谏方式非常直接，甚至还会让唐太宗下不来台，这在君臣之礼的“小德”方面是有出入的。但唐太宗认为魏徵谏言的目的在于国家的长治久安（大德），所以能够包容魏徵在进谏方式这一“小德”上的不妥，这才开创了“贞观之治”的盛世局面。

当然，重“大德”并不意味着可以随意忽视“小德”，毕竟“小德”的累积对于维护良好社会秩序和提升个人修养也是非常重要的。如果小的不良行为习惯不加以纠正，必然会逐渐侵蚀一个人的道德底线，最终会影响到“大德”。

拓展阅读

《荀子·王制》中说：“大节是也，小节是也，上君也。大节是也，小节一出焉，一入焉，中君也。大节非也，小节虽是也，吾无观其余矣。”在荀子看来，大的方面是对的，小的方面也是对的，这是圣明的君主；大的方面是对的，小的方面有一点不对，这是中等的君主；大的方面错了，小的方面即使对，也就没有必要再看了。这一阐释是对孔子“大德不逾闲，小德出入可也”的最好注解。大节是原则，是做人做事的底线，不能有半点差错。金无足赤，人无完人。在小事小节上，偶尔违反点小规矩、出点小问题，不影响整个大局，这些小毛病是能够接受的，这也体现了儒家权变的思想。

富润[1]屋，德润身。

出处

《礼记·大学》

注释

[1] 润：装饰、修饰。

译文

财富能够使房屋得到装饰，变得华美；而道德则可以滋养人的身心，让人的内在品质得到升华。

解读 《礼记·大学》中说："富润屋，德润身，心广体胖，故君子必诚其意。"主要强调了加强个人品德修养的重要性。"富润屋"，重在强调财富能够为人们提供物质上的享受，人们也可以用财富来修缮、装饰房屋，改善居住环境。在古代，富人会用珍贵的木材来打造精美的家具，用丝绸来装饰墙壁，用金银来点缀门窗等，使房屋看上去更加华丽舒适。"德润身"，重在强调品德修养对身体的滋养作用。一个拥有良好品德的人，内心是平静、充实的。比如，一个善良、宽容的人，在与别人相处时，往往不会去计较得失，懂得换位思考。这种品德会让其内心感到安宁，不会因为琐事而焦虑烦躁，从而在精神层面上使自己的身心得到很好的滋养。

范仲淹一生秉持着"先天下之忧而忧，后天下之乐而乐"的高尚品德，虽然曾官至参知政事，但生活极为简朴。他将自己的俸禄大多用于资助他人或兴办义学等公益事业。范仲淹的道德境界很高，他心系国家和百姓，当他看到百姓受苦时，内心忧虑；当他为国家和社会作出贡献时，内心感到满足。这种高尚的道德情操支撑着他，使他的身心得到滋养。即使在被贬谪的过程中，范仲淹依然能够保持积极的心态，为当地的文化教育等事务尽心尽力。他的品德如同明灯，照亮了自己的内心世界，也让他在人生的起起落落中坚守信念、保持身心健康。

《大学》中的这句格言，体现了儒家对于财富、品德、心态和行为的综合认知，启示我们在追求物质财富的同时，不要忘记修养品德，以此获得内心的平静和身体的健康。

拓展阅读

“德润身”是儒家传统文化的独特思想，是理解和践行儒家思想的关键之一，也是儒家德性智慧的一个核心命题。《大学》中认为，要开展“德润身”，就是要进行格物、致知、诚意、正心的功夫实践；齐家、治国、平天下是以德润家、润国、润天下的具体拓展。同时，“德润身”又是一个心可止息而又永无止境的过程。

当然，历史上也有很多关于“德润身”的例子。比如，《左传》中就记有关于“子罕弗受玉”的故事。宋国有人得到了一块玉，把它献给宋国国相子罕。子罕不肯接受。献玉的人说：“我已经把它拿给玉石加工的匠人看了，玉匠认为它是珍宝，所以才敢献给你。”子罕说：“我把不贪财作为珍宝，你把玉作为珍宝；如果给我，我们都会丧失了珍宝，还不如各人持有自己的珍宝。”可见，子罕做到了“毋自欺”，以不贪为宝，见美玉而不起贪念，坚守自己的纯正心灵。

君子盛德而卑❶，虚己❷以受人❸。

出处

西汉·韩婴《韩诗外传》卷二

注释

❶ 卑：谦卑，不自以为是。
❷ 虚己：虚心，不自满。
❸ 受人：接受别人的意见和建议。

译文

君子虽然自身具有高尚的品德，但总是保持谦虚的态度，虚心接受别人的意见和建议。

解读 《韩诗外传》卷二中说："君子盛德而卑，虚己以受人，旁行不流，应物而不穷。虽在下位，民愿戴之，虽欲无尊，得乎哉。"这里强调的是，君子即使自身品德修养已达较高境界，依然不应骄傲自满，而应放低姿态，以开放包容的心态对待周围的人和事，认识到自身的不足并积极从他人处汲取有益之处，从而不断完善自我。

成语"虚怀若谷"就化用了此句，主要形容一个人的胸怀像山谷那样深且宽广，能容纳很多东西，表达了人应该虚心接纳他人意见。与"虚己以受人"的理念是完全契合的，都强调了人应持有谦逊包容的态度。

"盛德者谦卑。"一个有盛德的人，深知提升品德修养是一个永无止境的过程，因此不会因为自己已经拥有良好品德而骄傲自满。

"虚己以受人"体现的是君子正确的自我认知。人并非全知全能，每个人都有自己的优点和长处，也都有缺点与不足，因此愿意虚心地接受他人的看法，这对个人的成长和进步至关重要。

孔子是一位谦卑虚己的君子。他学识渊博，品德高尚，尽管在当时的鲁国颇有名望，但他一生都秉持着谦虚好学的态度。即使对周礼有深入的研究，但依然不辞辛劳，长途跋涉去问礼于老子，虚心向老子请教关于礼的更深层次的内涵以及为人处世的哲理。在与弟子们的相处中，孔子也从不以权威自居，鼓励弟子们各抒己见，对弟子们提出的有价值的观点，他都会认真思考并给予回应。孔子这种“盛德而卑，虚己以受人”的高尚品质，使其周围聚集了众多贤能之士，共同探讨学问，推动了儒家思想的发展与传播。

今天，在国际社会中，中国正以开放包容的态度吸收世界优秀文化成果；同时，积极推动中华优秀传统文化走向世界，在国际舞台上展现独有的“谦卑虚己”大国风范，不仅提升了中国的国际形象与影响力，而且积极推动着世界的和平与发展。

拓展阅读

《韩诗外传》是韩婴所著的一部传记类作品，它以儒家思想为内核，因革损益，以传资政，从礼乐教化、道德伦理等方面阐发其思想；通过众多故事与论述，对儒家道德规范进行了多方面的阐释。一方面，韩婴继承和发扬了孟子的“贵民”思想，强调为政者要“以百姓为天”；另一方面，他又继承了荀子“礼起于欲”的主张，提出“必因其情而节之以礼，必从其欲而制之以义”的观点。在儒家经典文化的传播与发展过程中，它有着独特的地位与价值。

德不优者，不能怀远[1]。

出处

东汉·王充《论衡·别通篇》

注释

[1] 怀远：拥有广阔的胸怀、高远的志向。

译文

品德不高尚的人，不会拥有远大的抱负或胸怀。

解读　《论衡·别通篇》中说："德不优者，不能怀远；才不大者，不能博见。"在王充看来，品德高尚的人有着广阔的胸怀和高远的志向。他们心中装着天下苍生，希望能够帮助他人、改善社会。唐太宗李世民比较注重自身品德修养，以仁爱臣民、善于纳谏而著称。他心胸开阔，能够接纳不同民族的文化和人才，有"怀远"之抱负，提出了"自古皆贵中华，贱夷狄，朕独爱之如一"的理念。在他的统治下，唐朝迎来了贞观盛世，经济繁荣、文化昌盛，与周边国家友好交往。还有宋代的范仲淹，品德高尚，心怀"先天下之忧而忧，后天下之乐而乐"的远大抱负。面对突出的社会问题、百姓的疾苦，范仲淹凭借自己的品德力量，为社会的进步和百姓的幸福作出贡献。他的胸怀足以容纳下国家的兴衰荣辱，完全不去计较个人之得失。

相反，一个品德不优的人，往往会被眼前的利益、个人的私欲以及狭隘的观念所束缚住。所以，这样的人是很难有胸怀去考虑他人或者社会利益的。尤其是在面对利益冲突时，他往往会不择手段地维护自己的利益，而不会有高远的志向，去为更广大群体谋福祉。他们的视野和胸怀狭窄，无法站在更高远的视角去看问题，更不可能有真正的怀远之志。隋炀帝杨广好大喜功、生活奢靡，为了满足自己巡游的目的，不恤民力，滥征民夫，下令开凿运河，致使许多百姓死于劳役。他三征高句丽，损耗了大量兵力和财力，大大加重了百姓的苦难。这些行为无不体现了他缺乏对百姓的仁爱和对国家的责任之心，最终导致了各地农民起义风起云涌，社会动荡不安，其政治统治迅速崩溃，他本人也在江都被部将所杀，隋朝的辉煌随之而烟消云散。

“德不优者，不能怀远”启示我们要注重锤炼个人品德，树立远大理想与抱负。品德是个人成长的基石，只有锤炼好自身品德，开阔自己的视野，才会树立更为远大的理想并为之而奋斗。

拓展阅读

“重德”是历久弥新的价值观念，深深嵌入到中国人的个人修养、社会理想和人类情怀中。回望历史，无数先哲圣贤、仁人志士都是重德崇德的典范，都拥有大视野、大格局、大情怀。新时代的党员领导干部更应该加强党性修养，心怀“国之大者”。2021年1月，习近平总书记在十九届中央纪委五次全会上的讲话中告诫党员领导干部：“遇到问题、作出决策、处理工作首先要从政治上想一想，对照党章、党内政治生活准则、党纪处分条例举一反三，看准能不能干、该不该做，在风浪考验中立得住脚，在诱惑‘围猎’面前定得住神，始终做政治上的明白人。正所谓‘德不优者，不能怀远；才不大者，不能博见’。”

德弥①盛者文弥缛②，德弥彰③者人弥明。

出处

东汉·王充《论衡·书解篇》

注释

① 弥：更加。

② 缛（rù）：繁密、华丽，指文采斐然。

③ 彰：显著。

译文

道德愈高尚的人，文章愈丰富多彩；美德愈显著的人，为人愈明智豁达。

解读 《论衡·书解篇》中说："德弥盛者文弥缛，德弥彰者人弥明。大人德扩其文炳。小人德炽其文斑。官尊而文繁，德高而文积。"在这里，王充着重强调了道德修养与文章文采、个人智慧之间的紧密联系。

"德弥盛者文弥缛。"在中国古代文化观念中，文章往往被认为是作者思想和品德的外在体现。一个道德高尚的人，其内心有着丰富的情感和深刻见解。比如，爱国诗人屈原品德高尚，作品《离骚》中充满了对国家命运的深切关怀、对理想的执着追求以及对邪恶势力的愤恨。他的道德品质使得其文章在内容上具有思想深度和感染力。很多时候，人们会用"道德文章"来形容一个人在品质和学识方面的成就很高。比如，欧阳修被称为"道德文章百世师"，说明他的为政、为文、为人之道足以垂范后世！

"德弥彰者人弥明。"一个道德高尚的人，在处理各种事务和人际关系时，会更加明智，因为道德高尚的人在面对各种情况时，能够以正确的价值观和道德观判断是非、权衡利弊。他们的道德准则就像一盏明灯，帮助他们在复杂的世界中保持清醒的头脑，作出明智的决策。孔子的思想智慧体现在对社会伦理、政治治理以及个人修养等方面的深刻见解上。他的道德观念引导他思考和关注人与人、人与社会的关系，从而形成一套智慧的学说。当然，道德高尚的人也会更容易被社会所认可与尊重，因为他们的行为符合社会的主流价值观，能够起到很好的榜样与示范作用。

“德弥盛者文弥缛，德弥彰者人弥明”，体现的是中国传统文化中关于道德与文化、思想智慧间内在关系的深刻认识，对于古代中国人的自我修养有深远影响，激励着人们在追求道德完善的同时，也要注重文章的创作和为人处世的智慧。在现代社会中，这一思想观念也提醒我们既要追求知识和智慧，更要注重自身的道德修养；在积极追求个人成长与发展的过程中，绝不能忽视道德的重要作用。

拓展阅读

王充（27—约 97），字仲任，会稽上虞（今属浙江绍兴）人，东汉著名文学批评家，也是一位具有近代实验科学精神的思想家。《论衡》一书是王充的代表作，也是中国历史上一部不朽的唯物主义哲学文献。东汉时期，儒家学说在意识形态领域里占支配地位，但被打上了神秘主义的色彩，掺杂进了谶纬学说，使儒学变成了“儒术”。王充写《论衡》一书的目的就是针对这种儒术和神秘主义的谶纬之学进行批判与否定，同时在认识论、历史观方面进行探索，推动了中国古代唯物主义和无神论的发展。所以，《论衡》又被称为“疾虚妄古之实论，讥世俗汉之异书”。《论衡》现存文章共有八十五篇，其中的《招致》篇仅存有篇目，所以实存八十四篇。

罪莫大于无道，怨莫深于无德。

出处

唐·徐灵府《通玄真经注·道德》

译文

最大的罪过莫过于不讲道义，最深的怨恨莫过于没有德行。

解读

《文子·道德》中说："小人行之，身受大殃；大人行之，国家灭亡。浅及其身，深及子孙。夫罪莫大于无道，怨莫深于无德，天道然也。"这里的"无道"，主要是指违背社会公认的正义原则、伦理道德规范以及正确的行为准则。"无德"强调的是一个人缺乏基本的品德修养，如善良、宽容、诚信等品质，它强调了违背道德、缺失道义所带来的严重后果。

"罪莫大于无道。"道义在社会中代表着一种公正、合理的行为准则以及正确的价值观，遵循道义是维持良好秩序的基础。在政治领域，统治者如果"有道"，就会秉持公平、公正的原则去治理国家，保障百姓的权益，就能极大地推动社会的发展。中国古代的很多明君贤臣，重视以民为本，制定了符合道义的政策，轻徭薄赋，让老百姓安居乐业，国家也因此而繁荣昌盛。与之相反，如果统治者"无道"，行事会毫无原则，为了达到目的而不择手段，肆意践踏他人权益。历史上有很多暴君，为了满足个人之私欲，横征暴敛，完全不顾老百姓死活，发动不义之战，使无数百姓流离失所、家破人亡。这种无道行为严重破坏了社会的和谐稳定，对整个社会秩序造成极大伤害。

"怨莫深于无德。"德行是构建良好人际关系的基石，一个有德行的人，具备善良、宽容、诚信等品质，在与人交往中能够真心对待他人，尊重他人的感受，自然就容易获得他人的信任和好感，与周围人建立起和谐融洽的关系。然而，“无德”之人的行为却截然不同。他们自私自利，只考虑自己的利益，为了成全自己而不惜损害他人的利益；或者背信弃义，出尔反尔，让人无法对其产生信任。

所谓“道德”，就是有道有德，因为有道方有德，无道必无德。“罪莫大于无道，怨莫深于无德”启示我们，必须重视道义和德行的培养。在个人生活中，我们要做到有道有义、有德有行，避免因无道无德而伤害到他人，破坏人际关系的和谐。在社会建设中，要加强道德的教育与宣传，积极弘扬传统美德，营造良好的社会道德氛围，让人们深知无道无德的严重性，共同维护社会的公平与正义。

拓展阅读

《文子》是中国古代道家的重要著作，传为文子所作。它上承《老子》哲学，下启黄老道家，兼有部分儒家和法家思想，是老子道家向黄老道家发展过渡的桥梁。刘向《七略》中有《文子》九篇，阮孝绪《七录》中作十卷，《隋书·经籍志》中为十二卷。唐玄宗崇尚道教，在天宝元年（742年）封文子为“通玄真人”，尊《文子》为《通玄真经》。1973年，河北定县四十号汉墓出土《文子》残简，与今本《文子》有六章相同，有学者据此认为《文子》并非伪书。现存有唐代徐灵府《通玄真经注》十二卷、宋代朱弁《通玄真经注》七卷和元代杜道坚《通玄真经缵义》十二卷，皆收入《正统道藏》洞神部玉诀类中。

德行不克[1]，纵服玉液金丹，未能延寿。

出处

唐·孙思邈《备急千金要方·养性序》

注释

1 克：克服弱点。

译文

一个人如果不能克服品德行为方面的弱点，即使服用珍贵的丹药，也不能延长寿命。

解读 《备急千金要方·养性序》中说："百行周备，虽绝药饵，足以遐年；德行不克，纵服玉液金丹，未能延寿。"孙思邈在这里主要强调了品德修养对于生命的质量和长度的重要性，体现了他独特的养生观。

中国传统中医理论认为，人的身心健康是一个完整系统，品德因素对身体会产生一定的影响。比如，中医上讲喜、怒、忧、思、悲、恐、惊"七情"过度会伤害人身体的脏腑。一个人如果长期陷入嫉妒、愤怒、怨恨等负面情绪中，可能会导致肝郁气滞；愤怒过度可能会伤肝、心等脏器。相反，一个人心态相对平和，会更有利于身体的气血调和，阴阳保持平衡，会大大减少疾病的发生。

从心理的角度看，品德高尚的人往往心态平和、乐观豁达，面对生活中的矛盾与冲突时，心胸豁达之人更倾向于用理解和包容的心态去化解，不会轻易地被愤怒、嫉妒等负面情绪左右，心理压力减少，心理更加平衡和稳定，从而对身体健康产生积极的影响。

从生活的角度看，品德高尚的人通常会更加自律，他们的行为会受到道德观念的约束，更注重自我修养和健康的生活方式，如合理的饮食、规律的作息等。这些良好的生活习惯为身体健康提供了坚实的保障，是一个人长寿的重要因素。在与他人交往的过程中，以真诚、友善的态度对待他人，这样就能收获真挚的友谊和他人的支持。

中国历史上，有许多的君王沉迷于炼丹求长生，但忽视了自身品德的修养，一方面享受着最好的物质生活，积极追求着长生不老之术，另一方面却又横征暴敛、荒淫无道，滥用民力、好大喜功，最终导致民怨沸腾，国家动荡不安。他们自身处在巨大的精神压力之下，既要面对来自民众的反抗情绪，又要积极寻求个人私欲之满足，最终不仅没能达到长寿的目的，还落得个国破人亡的下场。

在现代社会中，人们对养生的关注大多集中于饮食、运动、医疗等方面。孙思邈的这一格言启示我们，品德修养也是养生的一个重要内容，我们应该注重培养自己的品德，保持善良、宽容、乐观、自律等优良品质，通过提升自身品德修养来维护我们的心理与生理的健康。

拓展阅读

孙思邈（541—682），唐代医药学家，被后人尊称为“药王”。他十分重视民间医疗经验的积累，遍访各地并及时将药方记录下来，终于完成了《备急千金要方》。这是中国最早的医学百科全书，集方广泛，内容丰富，既有诊法、证候等医学理论，又有内、外、妇、儿等临床各科知识，被世界医学界称为“人类之至宝”。此外，孙思邈还极为重视医德，主张不分“贵贱贫富，长幼妍蚩，怨亲善友，华夷愚智”，医生须以解除病人痛苦为唯一职责，其他则“无欲无求”。

好德乐善而无求。

出处

北宋·王安石《吴学士转官》

译文

喜好品德修养，乐于做善事而没有功利性追求。

解读 王安石在《吴学士转官》中的这句格言，体现的是一种高尚的人生道德境界。“好德”，就是一个人对诸如仁爱、善良、正直、诚信等优秀品德由衷地喜好，且践行。在日常生活中，“好德”之人会时刻以道德准则来约束自己的言行。在与人交往时，他会讲诚信，答应别人的事情一定会竭尽全力做到，不会出尔反尔；面对利益诱惑时，他会拒绝通过不正当手段而获取利益。比如，元代的许衡，在兵荒马乱、众人争抢无主之梨时，因心中坚守的道德准则而不为所动，“不食无主之梨”的品德，就是坚守“好德”的生动体现。

“乐善”，就是主动为善的行为倾向，表现为乐于去做各种善事，并且是发自内心地享受这一过程。他们不需要别人的督促或者外在的激励，纯粹是出于个人内心的善意和帮助他人的愿望。比如，社区中的一些居民会主动照顾身边的孤寡老人，定期为老人打扫卫生、陪老人聊天解闷，却不求任何的回报。他们之所以这样做，仅仅是因为看到老人生活不便，发自内心地想要帮助老人，这就是“乐善”。

“无求”，就是摒弃功利心态，在好德乐善中不带有任何功利性目的，不是为了获得别人的赞扬、求得回报或者提升自己的名声等。如果带着功利心去做善事、修养品德，其行为自然就会变味的。孔子周游列国，传播自己的思想学说与政治理念，目的不是为了获得财富或权力，而是希望恢复周礼，让社会更加有序。在“陈蔡绝粮”时，坚守自己的道德信念，依然弦歌不辍，没有因为处境艰难而放弃自己的追求，体现出对“德”的一种热爱，在实现自己政治理想的过程中彰显了“无求”的品德。

“好德乐善而无求”启示我们，培养道德情感和行为习惯时目的要纯粹，在追求品德修养与行善时，要摒弃功利性思想，真正从内心出发，让自己的精神世界更加充实和高尚。同时，在全社会也要高扬这种“好德乐善而无求”的理念，减少道德行为中的功利化现象，树立正确的道德观和价值观。

拓展阅读

“乐善”是做人之本，是行为之首。“无求”是其高尚的精神境界，尤其是以为广大民众谋利益为己任的共产党人，欲“道德当身”，就要全心全意为人民办实事、做好事，并“不以物惑”，不从中谋取任何私利。习近平在《之江新语·在慈善中积累道德》一文中就指出：“古人有云：‘上善若水，厚德载物。’孟子有道：‘恻隐之心，仁之端也。’在中华民族的传统文化中，历来尊崇厚仁贵和、敦亲重义，并将乐善好施、扶贫济困奉为美德。……树立慈善意识、参与慈善活动、发展慈善事业，是一种具有广泛群众性的道德实践。无论是个人还是组织，无论是贫穷还是富裕，不管在什么条件下，不管做了多少，只要关心、支持慈善事业，积极参与慈善活动，就开始了道德积累。”

有源之水，寒冽不冻；有德之人，厄[1]穷不塞。

出处

南宋·胡宏《知言·文王》

注释

❶ 厄：困苦，灾难。

译文

有源泉的水，即使天气寒冷，也不会冻结成冰；有美德的人，即使处境困穷，也不会失意潦倒。

解读 这句格言主要通过对有源之水与有德之人进行类比，强调了品德高尚的人具有坚韧不拔的品质，能够在困境中保持希望并继续前行。

“有源之水，寒冽不冻。”水源是水能够保持流动状态的关键，河流有源头，不断涌出的水能够为河流提供持续的动力，即使在寒冷的天气里，因为有新的水源补充进来，河水就不容易冻结；即便表面会有薄冰形成，但深层的水流依然潺潺不息，这就是有源之水的力量。朱熹在《观书有感》中也曾感叹道：“问渠哪得清如许？为有源头活水来。”

其实，对一个品德高尚的人来说，就像有内在源泉滋养一样，外部的贫困、挫折等艰难处境，只能影响其表面，却无法冻结他内心的希望和动力。“有德之人，厄穷不塞。”品德高尚的人在厄穷之际，精神上依然是富足的，他们不会因为物质的匮乏而感到绝望。唐代的柳宗元被贬永州后，虽然身处偏远、困苦的环境之中，却凭借自身高尚的道德操守和不懈的精神追求，创作出《永州八记》这样的不朽篇章。他所具有的品德和才华，使他在困境中依然能够观察自然、思考人生，通过文字表达自己的心境。还有宋代的苏轼，一生多次被贬，生活条件艰苦，但他凭借自己豁达的心境和高尚的品德，在困境中创作出许多不朽的诗词作品。他从文学、哲学等精神领域汲取力量，让自己的内心世界依然丰富，没有被外在的困苦所阻塞。

“有源之水，寒冽不冻；有德之人，厄穷不塞”启示我们，必须注重个人品德的培养，就如同水源需要不断地涵养一样。当然，修养品德也需要持之以恒、日积月累地实践。只有这样，我们才能在顺境时保持不骄不躁，在逆境中不屈不挠、砥砺前行，积极寻找新的机遇，如同有源之水，始终保持着前进的动力。

拓展阅读

胡宏（1106—1162），字仁仲，福建崇安人，人称“五峰先生”，南宋著名理学家。胡宏一生矢志于道，以振兴道学为己任，成就卓著，成为南宋初期对理学振兴起重大作用的关键人物，也是湖湘学派奠基者之一。《知言》全书采用随笔札记的形式，辑录了胡宏历年讲学的言论，体例近似于《论语》，但行文中很少有师生问答的对话，大多为胡宏一人的语录。《知言》是对胡宏教育思想最完整、最系统的记录，也记存了胡宏的政治、哲学、史学等观点，是研究胡宏思想的主要材料。同时，《知言》还是胡氏湖湘学派学术教育思想的集大成之作，系统地表明了湖湘学派的思想宗旨，标志着湖湘学派思想理论体系的成熟与定型。

有德而富贵者，乘富贵之势以利物[1]。

出处

南宋·胡宏《知言·仲尼》

注释

[1] 利物：施利于人，有益于社会和他人。

译文

有道德且富贵的人，会利用自己的财富和地位来造福社会和他人。

解读

《知言·仲尼》中说：“有德而富贵者，乘富贵之势以利物；无德而富贵者，乘富贵之势以残身。”这句格言强调的是道德对于富贵之人行为走向和最终结果的影响。儒家认为，拥有财富和地位的人，应该以仁爱之心对待他人与社会，并积极承担一定的社会责任。

为什么有德者要乘富贵之势以利物呢？一个内心秉持仁爱、善良、正义等品质的有德之人，当其身处富贵地位时，他想得更多的是怎么利用手中的财富资源帮助他人、回馈社会。“陶朱公”范蠡在辅佐越王勾践成就霸业后功成身退，通过经商积累了巨额财富，富甲一方。但他并未独享富贵，而是仗义疏财，积极帮助老百姓发展生产、度过灾荒，利用自己的财富让更多人受益。在现代社会中，也有很多热衷于公益事业的慈善家，他们凭借自身拥有的财富，创建公益基金，援建学校、医院，助力弱势群体改善生活、接受教育等，这些都是“乘富贵之势以利物”的生动体现。

反之，无德之人会乘富贵之势以残身。因为无德之人往往只看重富贵所带来的物质享受和权势威风，很容易被私欲所支配。同时，他们也常常会利用手中的财富去满足自己不合理的欲望，过度奢靡、荒淫无度；甚至还会凭借权势去欺压他人、为非作歹。中国历史上，有很多贪官污吏，通过搜刮民脂民膏获得巨额财富后，生活极尽奢华，却全然不顾老百姓的死活。他们或攀附权贵，或打压异己，在官场和社会上结怨无数。“多行不义必自毙”，这种不义行为最终会给自己招来灾祸，落得个身败名裂甚至性命不保。

“有德而富贵者，乘富贵之势以利物”对我们具有重要启示意义。一方面，它鼓励那些已经取得富贵的人要注重自身品德修养，积极承担社会责任，用自己的财富和影响力为社会发展、为他人幸福贡献力量；另一方面，整个社会在追求物质财富增长的同时，也不能忽视道德建设，要引导人们树立正确的财富观和价值观，避免因品德缺失而“为富不仁”。

拓展阅读

古人常讲，积厚德才能得富贵。只有德行深厚的人，才能承载起大富大贵，千金散尽还复来；如果德不配位，会乘富贵之势而残身，最终会被财富所累。《礼记·中庸》中说：“故大德必得其位，必得其禄，必得其名，必得其寿。”有德行的人，守住了做人做事的底线，夯实了为官为政的根基，不去做违法乱纪的事情，才能够保住自己的地位、俸禄、名誉乃至生命。当然，有所舍，才会有所得。如《后汉书·桓谭冯衍列传上》中说：“天下皆知取之为取，而莫知与之为取。”人们只知道获取为取得，而不知道给予、付出也是一种取得。

德不广，不能使人来；量不宏，不能使人安。

出处

明·刘基《郁离子·德量》

译文

道德不崇高广大，就不能使人归附，招揽不到人才；气量不宏大，则不能安定人才。

解读 《郁离子·德量》中说：“德以收之，量以容之，德不广，不能使人来；量不宏，不能使人安。故量小而思纳大者，祸也。”这里主要强调了人的品德和度量的重要性。

为什么“德不广，不能使人来”呢？如果一个人品德高尚、胸怀广阔，那就会像磁石一样，能够把一大批优秀的人吸引过来。三国时期的刘备，以仁德而著称，他的品德和胸怀使许多人才愿意归附他。他礼贤下士，为求得诸葛亮辅佐自己而“三顾茅庐”，这种高尚的品德和广阔的胸怀，使包括诸葛亮在内的众多贤才，愿意为其效力，这就是“使人来”。同时，在他的统治集团内，也因为他的仁德而“使人安”，让群臣上下都能够安心地共事。

量不宏大者，不能使人安。如果一个人品德不够高尚、不够宽厚，没有容人之雅量，不能包容他人的缺点和错误，不能设身处地为他人着想，气量狭小、斤斤计较，是不可能吸引他人前来归附的。比如，廉颇起初对蔺相如位居自己之上是心怀不满的，甚至多次挑衅。蔺相如却以国家利益为重，不计较廉颇的冒犯，他的宏大气量最终使得廉颇认识到自己的错误，两人和好如初。这种容人之气量，让其身边的人感受到安全和稳定，因为他们不用担心因为一些小的过错或矛盾就被苛责。当然，历史上也有一些气量狭小、品德不佳的人，他们很难聚集人才，身边的人也会

因为他们的心胸狭隘而感到不安，甚至是离心离德。袁绍虽然出身名门，势力庞大，但他为人猜忌多疑，气量狭小，导致他手下的很多人，如许攸等最终离他而去，他的阵营内也是人心惶惶、难以安定。

“德不广，不能使人来；量不宏，不能使人安”一语对现代社会有重要启示意义。在个人发展中，我们要注重自身品德修养的提升。一个有高尚品德和宏大气量的人，在社交、职场等领域更容易获得他人的支持和帮助，从而取得成功。在团队合作中，一个团队领导者如果具备广德宏量，就能吸引更多优秀的人才加入团队，并且让团队成员都能安心工作，发挥出最大的潜能，提高团队的凝聚力和战斗力。

拓展阅读

刘基（1311—1375），字伯温，浙江青田（今浙江温州）人，明朝开国功臣，杰出的政治家、军事家和文学家。刘基在元朝官场上经历了四起四落，使得他的大半生都郁郁不得志，不能施展个人抱负，后来他被夺去兵权，遂弃官归隐家乡青田山中，发愤而著《郁离子》。

《郁离子》一书是刘基的一部笔记。郁，即有文采的样子；离，是八卦之一，代表火；“郁离”一词有“文明”之义，其谓天下后世若用斯言，必可抵文明之治。《郁离子》以寓言的形式，揭露社会弊端，在古文中别具特色。

后记

“中华传统美德格言集萃丛书”的编纂出版，得到了山东省委宣传部的大力支持。山东省委常委、宣传部部长白玉刚对本丛书高度重视，提出明确要求；省委宣传部副部长张同海统筹指导丛书编写工作，省委宣传部文化传承发展处进行具体指导并审改了书稿。

曲阜师范大学党委书记邢光，党委常委、副校长李兆祥，党委常委、纪委书记陈丙波进行了具体统筹协调，调配了马克思主义学院、历史文化学院、孔子文化研究院、美术与书法学院等校内各单位的力量，充实到写作团队中。孔子文化研究院王钧林教授和颜炳罡教授、历史文化学院姜开勇书记、马克思主义学院孙迪亮院长和陈庆国书记对丛书编写都给予了有力指导。

丛书编纂团队共八名成员，成积春教授、宋立林教授担任主审，任松峰编著《崇德之道》，王汉苗编著《做事之道》，王德成编著《做人之道》和《待人之道》，蒋开天编著《持家之道》，齐高龙、任松峰编著《爱国之道》，徐佰义编著《和合之道》。编写过程中，团队成员密切配合，通力协作，高质高效完成工作任务，本书得以顺利出版。同时，本书的编写出版还得到了济宁市委宣传部、济宁医学院、有关专家学者、山东文艺出版社董国艳编辑团队的鼎力支持，在此，一并表示感谢。

从书参阅的中华典籍种类多、范围广，尽管做了充分收集与查阅，但鉴于编者学识能力所限，难免有不足或失当之处。加之中华传统美德博大精深、深邃厚重，编者辑选的格言仅仅是其中很小的一部分，是否精当也尚待检验。敬请批评指正。

编　者

2025 年 3 月